기독시민의 사회적 책임

기독시민의 사회적 책임

지은이ㅣ윌리엄 템플
옮긴이ㅣ김형식

초판 발행ㅣ2010. 05. 03
펴낸 곳ㅣ한반도국제대학원대학교 출판부
편집ㅣ전경희
디자인ㅣ장보미

등록ㅣ2006년 6월 28일 제302-2006-000039호
주소ㅣ서울 특별시 용산구 효창동 5-357 한반도국제대학원대학교
전화ㅣ02-718-5273
팩스ㅣ02-2077-8894
총판처ㅣ두란노서원 (전화 02-2078-3333, 팩스 02-794-3705)
ISBN 978-89-94170-01-5 03230

책값은 뒷표지에 있습니다.
파본은 바꾸어 드립니다.

기독시민의 사회적 책임

캔터베리 대주교 윌리엄 템플 지음

김형식 옮김

추천의 글

윌리엄 템플 대주교의 명저서 『기독교와 사회질서』를 『기독시민의 사회적 책임』이란 새 제목으로 번역 출간하게 된 것을 기쁘게 생각하고 머리말을 쓰게 하신 하나님의 섭리에 감사합니다.

김형식 박사의 이 번역서는 아주 시의 적절한 출판물로 기독교계와 종교계 그리고 사회정책과 복지분야에 관심을 가진 전문가들에게 일독을 강하고 권하고 싶습니다.

우리나라를 포함한 전세계가 20세기 초반의 경제 대공황을 능가하는 큰 위기를 맞아 극도의 혼란과 고통을 당하고 있습니다. 사회질서가 뿌리째 흔들리고 경제구조가 뒤흔들리고 정치체제는 지도력을 잃어가고 있습니다.

이러한 어두운 현실 속에서는 종교의 정신적인 지도적 역할이 참으로 중요한데 우리 기독교가 사회적 복음의 전령 노릇을 제대로 감당하지 못하고 있는 것 같아 안타깝고 부끄럽기 짝이 없습니다.

교회의 지도자들에게 윌리엄 템플의 사회적 구원의 복음사상을 배울 수 있는 이 책을 권하고 싶습니다. 한국교회의 개인구원과 예배당 중심의 현실 속에서 사회의 총체적인 구속과 세상으로 뛰어나가 이웃과 원수를 섬기는 새 사상이 너무도 절실합니다. 템플 대주교의 "사회적 책임"을 새롭게 인식해야 할 때가 지금 바로 경제위기를 맞는 한국 땅입니다.

추천의 글

　신학 대학의 실천신학 교수와 학생들에게 이 책이 부교재로 쓰이게 되기를 바랍니다. 사회정책, 사회복지는 사실 기독교의 실천신학이 최우선 분야로 바뀌어야 합니다. 템플 대주교의 제2차 세계대전의 시대는 반세기가 지나고 새 세기에 접어든 오늘도 우리나라 기독교가 골똘하게 배워야 할 사회참여의 필독 교재라고 믿습니다.

　사회복지와 사회정책을 공부하고 있는 학도들이면 기독교 신앙인이든, 아니든 간에 템플 대주교가 1940년대의 영국과 구라파에 끼친 지대한 사상적 영향을 성찰하고 깊은 교훈을 받아야 한다고 저는 생각합니다. 읽기에 힘들고 긴 저서도 아닙니다. 제가 반세기 전에 영국에서 눈물을 흘리며 밤새워 읽고 또 읽었던 감동을 학계의 후배들에게도 물려주고 싶습니다.

　조심스럽게 김형식 박사를 조금 소개할 필요를 느낍니다. 제게는 아주 특별한 사람입니다. 큰 감동을 주어온 사회복지학계의 동인입니다. 영국 맨체스터 대학과 동 대학원에서 공부를 했고, 6.25 전쟁으로 신체의 큰 부상을 입었으나 늠름하고 훌륭하게 장애를 극복하고 살아 온 인생의 승리자입니다. 김교수의 진솔하게 열심을 쏟아부은 이 번역서가 널리 읽히게 되기를 바라는 기도와 함께 권두언을 대합니다.

세계결핵제로운동본부(북한결핵어린이돕기운동) 이윤구 총재.
(전 인재학교 총장, 전 대한적십자사 총재)

추천의 글

　세계 제 2차 대전이 끝나갈 무렵의 영국 성공회의 대 추기경이었던 윌리암 템플이 한국 사회에 잘 알려진 인물은 아니다. 간혹 사회복지 전공자들 중에는 그가 최초로 '복지국가'라는 용어를 본격적으로 사용했던 사람으로 알고 있다. 나도 그 중의 한 사람이다.
　평소에 사회복지와 국제 NGO 등 여러 분야에서 함께 일하는 김형식 교수의 「기독시민의 사회적 책임」이라는 책의 권두언을 쓰게 되어 기쁘게 생각한다. 이 책은 '기독시민의…'로 시작되지만, 선진국을 지향하는 한국사회에 시사하는 의미가 크다고 생각했기 때문이다. 선진국이란 자신과 타인을 위한 배려를 할 수 있는 강하고 보편적인 도덕적 기반이 구축되는 사회라고 생각한다. 이런 점에서 사회복지 공동모금회는 한국사회의 고통 받는 사람들에 대한 관심과 이해를 호소하여 나눔의 삶을 통한 도덕 기반을 구축하는데 기여하고자 한다. 우리 주변에는 경제·사회적으로 무참하게도 잊혀진 사람들이 너무 많지만 우리는 그들에 대하여 무관심한 것 같다.
　이 책에서 역자는 영국 수상을 지낸 블레어의 말을 인용하고 있는데 공감이 간다. 그는 영국 사회가 공동체를 지향해야 한다고 말하면서 "공동체란 단순히 어떤 낭만적인 향수를 불러일으키는 개념이 아니라, 서로 나누고, 함께 일하고, 더 나아가서 우리의 이웃을 어떻게 대하여야 하는 것에 관한 것이며, 이것은 상호책임과 나

추천의 글

눔을 위한 비전이다"라고 역설했는데, 나는 우리 공동모금회가 이러한 사회를 만드는데 일조했으면 하는 희망이 있다. 한마디로 이 책은 지금보다는 더 "힘껏 남에게 주는" 사회를 만들기 위하여, 그것이 바로 선진국 시민의 기꺼운 책임이 되어야 한다고 가르치고 있다. 이렇게 본다면 '기부행위는 자선이 아니라 정의로운 행동이며, 더 나아가서 자기희생을 감수하면서도 남에게 줄 수 있다면 그것은 가장 참된 자기성취'라는 가르침을 상기시켜 준다.

'나눔의 사회'를 만들어가는 동역자 김형식 교수께서 좋은 책을 번역해 많은 이들에게 도움을 준 것에 대해 감사하며, 책 발간을 축하드린다.

사회복지 공동 모금회
사무총장 박 을 종

역자서문 : 현재와 미래를 향한 우리시대의 도전

" 망할 것들 권력이나 쥐었다고 자리에 들면 못된 일만 꾸몄다가 아침 밝기가 무섭게 해치우고 마는 이 악당들아, 탐나는 밭이 있으면 빼앗고 탐나는 집을 만나면 제 것으로 만들어 그 집과 함께 임자도 종으로 삼고 밭과 함께 임자도 부려 먹는구나" (미가서 2:1-2)

" 우리가 관심을 가지는 것은 기독교 신앙이 그 출발에서부터 사회적이고 경제적인 표현을 시도했다는 점이다." (본문 중에서)

윌리엄 템플William Temple은 1940년대 영국 성공회의 대주교였기 때문에 우리에게 잘 알려진 사람은 아니다. 『Christianity and Social Order 기독교와 사회질서 』는 1942년에 출판되었으며, 당시의 경제 사상가였던 R. H. 토니의 평등사상, 경제학자 케인즈의 이론과 기독신앙을 접목시키려 했던 하나의 시도로 인정되어 높이 평가받았으며, 이 책은 베스트 셀러 목록에 올랐다. 당시 영국인들은 전쟁으로 인한 위기를 극복하기 위해서는 평등한 자원의 분배로 빈곤문제를 해결해야 된다는 입장을 지지했다.

본서의원명은'ChristianityandSocialOrder'인데역자는'기독시민의 사회적 책임' 으로 제목을 택했다. 이 제목이 템플이 생각하는 기독인들의 사고와 행동의 기반을 더 잘 반영한다고 생각했기 때문이다.

역자 서문

　템플은 고통 받는 사람들에 대한 동정과 이해를 호소함과 동시에 인간과 사회 관계의 창조적 목적을 찾을 것을 요구하는데, 이것은 또한 "기독시민의 삶은 어떠한 것이어야 하는가?"라는 질문에 대한 해답이 될 것이다. 템플은 이러한 대답의 실마리를 자유, 사회적 동료애, 봉사라는 원칙에서 찾고 있으며, 이 원칙들은 "인간이 하나님의 자녀이고 인간 삶의 운명이 하나님과의 영원한 동료애를 누리며 산다는 매우 심오한 기독교의 원리에서 파생되었다"고 주장한다. 1970년대 초 역자 자신도 약 90쪽 남짓한 이 얇은 책을 맨체스터의 어느 고서점에서 처음 손에 넣었을 때 템플에 대해서 아는 바가 거의 없었다. 역자는 막연하게나마 그가 종교 지도자이면서도 근대 자본주의의 발전이 인간 공동체를 분할시키고 파괴하는 것에 대해서 끈질기게 경고했다는 점과 강하고 보편적인 도덕적 기반이 없는 사회는 스스로의 유지력을 상실하게 될 것이라는 그의 주장에 마음이 끌렸었다. 어떤 학자들은 이러한 템플의 성향을 2차 대전 말기 영국의 복지국가 발달을 주도했던 '집합주의적 기독교 사회주의'의 영향 때문이라고 지적하기도 한다.[1] 그때만 해도 역자의 학문이 일천하여 쉽게 감동을 받기도 했겠지만, 역자는 기독교인이면서 사회정의, 빈부격차 문제, 자아실현의 중요성을 생각하는 사람이라면 누구나 한 번쯤 꼭 읽어봐야 할 책이라는 생각이 들었다. 그리고 정의의 이름으로 제기되는 우리의 현실체제에 대한 도전에 마음이 끌리어 기회가 된다면 우리나라 기독교 사회운동의 활성화를 위해서 번역을 해야겠다고 생각했다. 그 당시만 해도 우리사회는 독재정치와 부정부패, 인권탄압, 극심

---

1) Jermy Morris, Christian Socialism: Scott Holland to Tony Blair(London: SCM Press,1988).

한 빈부격차 등으로 민주화와는 거리가 멀었다. 오랜 세월이 흐른 후에 템플이 과연 어떤 의미로 기독교Christianity라는 개념을 사용했을까를 생각해 보는 것은 의미가 있지만 결코 쉬운 과제는 아니다. 더구나 오늘날과 같이 당시 기독교의 본질적인 특성에 대한 논란이 심했던 점을 감안하면 더욱 그렇다. 생각하기에 따라서는 템플이 생각했던 기독교는 다분히 급진적이고 진보적인 요소가 강하다. 그는 과거의 전통적 기독교를 대표하던 귀족적 도덕주의와 구별되는 '공동체주의'적인 속성을 강조하고자 했다. 또한, 기독 공동체는 도덕적 관점에서 붕괴된 사회에 대한 지탄만을 가하는 것이 아니라 다양성, 다름, 관용의 가치를 포용할 수 있는 다원성을 가져야 한다고 강조했다. 템플은 그가 강조하는 기독 공동체가 사회의 파편화와 전통적 가치의 붕괴 문제 뿐 아니라 증가하는 범죄와 무정부 상태의 원인이 되는 도덕적·종교적 쇠퇴에 대해서도 해답을 줄 것이라고 주장했다.

최근에 접하게 된 사실이지만 우리에게 '제3의 길'의 정치추구로 잘 알려진 영국의 수상, 토니 블레어는 배제가 없는 평등하고 정의로운, 보다 발전된 미래의 영국 사회를 설계하면서 일찍이 템플이 주창했던 대로 "영국은 이기주의적인 집단에 의해서가 아니라 자기 자신과 타인을 배려할 수 있는 강하고 보편적인 도덕적 기반을 구축해야 발전할 수 있다"고 역설한바 있다.[2] 만일 토니 블레어가 영국의 노동당을 현대화하고, 공동체의 개념을 가지고 새로운 미래에 대비한 영국 사회의 발전을 위해 템플을 인용했다면 이 책은 시대를 초월하여 우리에게 가르침을 줄 것이다. 블레어는 "공동체란 단순히 어떤 낭만적인 향수를 불러일으키는 개념이 아니라, 서

---

[2] 전게서 p. 44.

로 나누고, 함께 일하고, 더 나아가서 우리의 이웃을 어떻게 대해야 하는지에 관한 것이며, 이것은 상호책임과 나눔을 위한 비전이다"라고 역설한바 있다.[3] 이것은 일찍이 베니어가 열거했던 공동체의 특성과 맥을 같이 하는 것 같다. 즉,

  a. 소속감과 정체성의 부여, b. 인간적 만남의 열린 공간, c. 보살핌의 공동체, d. 상호 협력의 장, e. 혐오와 반감에서 동정과 치유와 성장의 장, f. 용서와 화해의 장, g. 신뢰의 장, h. 강·약점을 나누는 장, I. 나만의 장에서 공동체를 위한 장으로의 변화, 그리고 마지막으로 j. 하나님과의 만남의 장으로서이다.[4]

아마도 이러한 비전의 실현은 모든 개인들이 기독교의 가르침을 바탕으로하여 힘 있고 품위 있는 공동체의 성원이 될 수 있을 때에 가능할 것이다. 만일에 템플이 2009년에 이 책을 낸다면 '공동체' 또는 '기독시민의 신앙실천을 위한 경제·사회적 원칙'이라는 개념을 영국의 기독시민만을 염두에 두고 사용하지는 않았을 것이라는 생각을 해 본다. 따라서 역자는 이 책을 통해서 현재의 글로벌화 된 지구촌 세상 속 기독인의 책임있는 삶의 모습을 찾아볼 수 있으리라 기대한다. 단순히 역자가 유학시절에 우연히 이 책을 접하고 감동받았기 때문에 번역을 시작한 것은 아니다. 극도의 물질주의와 경제의 글로벌화라는 소용돌이로 인해 인간의 참 모습이 상실되어가는 현대사회에서 미력하나마 책임있는 기독인으로 산다는 것은 과연 무엇을 의미하는지, 성경에서 배우게 되는 하나님의 성육신의 섬김의 본을 사회 정의면에서 기독인으로 어떻게 실천해야 하는지 등의 일상적이지만 중요한 의문에 대한 해

---

  3) 김형식, 『기든스와의 대화-제3의 길 그 주장과 쟁점』 (서울: 21세북스).
  4) Jean Vannier, Community and Growth (1979, 1989).

답의 실마리를 제시해 준다고 생각했다. 그리고 우리가 고전古典을 대할 때면 평상시 소홀히 취급했던 심오한 진리의 세계로 다시 들어서는 것과 같은 감격이 있기 때문에, 하나의 고전으로서 이 책을 소개하고 싶었다. 역자의 생각은 잠시 뒤로 하고, 이 책이 현대 기독인, 또는 현대인에게 무엇을 줄 수 있겠는가를 당시의 템플로부터 직접 들어보자.

" 이 책은 복음화에 관한 것이 아니라 '기독시민의 경제·사회적 원칙'에 관한 것이다. 하지만 내 확신에 대한 잘못된 인상을 심어줄 염려가 있기에 다음과 같은 말을 덧붙여야만 하겠다. 그리스도의 성령이 그 안에 살아있는 사람들의 노동과 희생을 통하지 않고서는 결코 기독교적인 사회질서를 세울 수 없다. 진보를 위해서 첫 번째로 필요한 것은 기독인들이 정치·사회·경제체제의 시민들로서 더 많은 온전한 책임을 다하는 것이다. 기독교인과 그 동료들은 이러한 제도 안에서 살아가고 있는 것이다."

한국사회는 정치적·사회적인 격동기를 거쳐오면서 기독교의 사회적 역할 또는 책임에 대한 각별한 기대를 가지고 있었음을 부인할 수 없다.[5] 반면에 과연 '기독시민의 사회적 책임'의 근거와 그 본질은 무엇인가 하는 체계적인 논의는 그렇게 광범위하게 전개되지 않았던 것 같다. 그럼에도 불구하고 이러한 주제에 대해서 관심을 가질 수밖에 없는 것은 우리 주변에서 발생하는 여러 가지 경제·사회·정치 등의 현상에 대해서 우리는 기독교적인 입장을 취하게 되고, 이에 상응하는 의견을 제시하게 되거나 결정 과정에 참

---

5) 김광열, '이웃을 품에 안고 거듭나는 한국교회' (대한예수교장로회 총회, 2002. 성서한국 펴냄) ' 사회선교 한걸음(사회적 책임에 대한 그리스도인의 응답)' (뉴스앤조이, 2007. 이삼열 엮음), ' 사회봉사의 신학과 실천' (한울, 1992. 조성돈, 정재영), 시민사회 속의 기독교회: NGO를 통한 선교와 교회 (예영 커뮤니케이션, 2008)

여하기 때문이다. 그리고 현실적으로도 기독교의 사회참여에 대해 일반 사회의 기대가 적지 않았다. 하지만 기독교는 자랑할 만한 전적이 없이 오히려 무성한 이론과 말에 비하여 그 실천은 미약하지 않았는가라는 의문을 가지게 된다.

한국은 괄목할만한 기독교의 성장으로 전체 인구의 약 25%가 기독교인으로 추정된다. 사회복지학과 교수의 60% 이상, 사회복지시설 및 기관이나 단체 종사자의 63.9%가 기독교인으로 집계된다는 것은 한국 사회의 어떤 집단보다도 기독교인이 활발하게 사회복지활동에 나서고 있음을 보여 준다. 또 사회사업기관의 수에 있어서 개신교는 391개소, 가톨릭은 180개소인 것에 비해 불교와 원불교는 각각 9개소와 57개소에 그치고 있다.[6] 그럼에도 불구하고 한국의 기독교는 소위 진보와 보수 간의 첨예한 갈등을 경험했을 만큼 기독교의 사회복지 역할에 대한 합의, 특히 신학적 합의를 보지 못하고 있다. 또한, 한편으로는 기복신앙을 바탕으로 하는 개교회의 교세 확장과 외형적 교회성장에 치중한 나머지 사회봉사의 차원을 등한시했다는 비난도 받고 있다. 결국 한국 교회는 사회복지활동에 있어서 매우 미진하다는 비평의 대상이 되고 있는데, 박종삼 교수는 이와 같은 문제가 제기되고 있는 이유에 대하여 다음 네 가지로 설명하고 있다.

"첫째, 한국 기독교가 통계적으로 볼 때 주목받을 만한 사회집단으로 성장했다는 것, 둘째, 한국 교회가 조직이나 프로그램 면에서 한국의 여러 종교단체들 중 가장 활발히 활동하여 사회적 가시력이 높아진 것, 셋째, 기독교 교리는 사랑과 봉사의 측면을 강조하는 종교로, 사회에서 높은 사회윤리를 지닌 것으로 평가되고 있는 데 반하여 사회봉사의 참여가

---

6) http://welfare.or.kr/goodnews/library/prof_jcyoo/03.htm#chap1

낮다는 것, 넷째, 한국 교회의 재정 능력을 감안할 때 종교 활동비와 비교해 보면 사회봉사를 위한 재정할당이 크게 미약하다는 점"[7] 등을 들고 있다.

한 가지 분명한 것은 교회와 기독교의 명쾌한 관계의 정립은 모든 기독교 단체 또는 평신도들이 풀어야 할 과제로 남아 있다는 점이다. 이 얇은 번역서는 이러한 과제를 풀어 나가는데 다소 도움이 되었으면 하는 바램을 가지고 준비된 것이다. 템플은 그 해답의 실마리를 이렇게 제시하는 것 같다. 교회가 광범위하게 사회 전반에 영향력을 미치기 위해서는 두 가지 면을 갖추어야 하는데, 첫번째는 기독교의 원리를 선포하며, 둘째는 언제든 현존하는 사회질서가 이 원리들과 갈등을 일으키는 부분을 지적해야 되는데 바로 그 몫이 기독시민들의 몫이라는 것이다. 이러한 책임은 바로 현존하는 사회질서를 기독교 원칙에 더욱 부합하도록 재형성해 내는 과제를 적극적으로 수행하는 것으로 요약할 수 있다.

책이 1941년에 집필되었다는 이유 때문에 21세기를 살아가는 현대인들에게 과연 이 책이 무엇을 제시할 수 있을 것인가라는 의구심이 든다면 큰 오산이다. 템플은 그 당시에도 시대적으로 요구되는 정치·경제·사회에 관련된 여러 정책적 제안을 했었고, 그의 제안 중 어느 것 하나 우리 시대에 필요하지 않은 것이 없기 때문이다. 이 점은 우리를 더욱 감동시킨다. 우리가 당면하고 있는 몇 가지 문제에 대하여 그가 어떻게 생각하고 있었는지 예를 들어 보자. 그는 실업의 문제를 '도덕적 고립' 이라는 차원에서 간파하며 이렇게 설명한다.

" 만성적 실업이 끼치는 가장 큰 해악은 실업자들이 공공생활에서 탈락

---

[7] http://welfare.or.kr/goodnews/library/prof_jcyoo/03.htm#chap1

되었다는 소외감을 가지게 만들며 아무도 그들을 원치 않는다는 현실에 직면하게 한다는 사실이다. 실업이란 평소에 상당한 정도의 정신수양을 갖춘 사람이 아닌 이상 모든 사람들의 영혼을 파괴할 수 있는 막강한 힘을 가지고 있다. 실업에 처한 사람은 봉사할 수 있는 기회를 가지지 못하기 때문에 자기에게 집중하게 되고, 자신의 마음가짐에 따라 자포자기하여 게으름뱅이가 되거나 적개심을 품은 이기주의자가 되기도 한다. 이것이 바로 실업이 야기시키는 '도덕적 고립'인데 장기실업에 뒤따르는 가장 큰 독성이고 해독이다."

템플은 영국 경제학자 대가들 중의 한 사람이었던 마샬Alfred Marshall 1842-1924[8])의 "하나의 제도로서 종교가 원래 국민의 가치관 형성에 지대한 영향을 미치는 것과 마찬가지로 경제제도도 이에 못지 않은 교육적 영향을 가지고 있다"는 글을 인용하면서 이렇게 주장했다.

"교회는 경제제도가 교회(종교) 못지않게 국민의 가치관 형성에 지대한 영향을 끼친다는 것을 인정한다면 그 영향력이 과연 사람들 마음 안에 기독교 신자의 특성을 발전시키는 것인지, 아닌지를 우선적으로 물어야 하며, 만일 그 대답이 부분적으로나 전적으로 부정적인 것이라면 교회는 경제체제에 변화가 일어나도록 최선의 노력을 다함으로써 그 체제 안에서 적이 아닌 동지를 찾아내야 한다."

이러한 그의 입장은 교회가 자신의 믿음을 저버리지 않는 한, 경제체제에 대한 비판을 게을리 할 수 없다는 사실과 이에 수반되는

---

8) Marshall, Alfred(1842-1924). 영국의 경제학자로서 Principles of Economics(1890)의 저자. 마샬은 경제학자이면서도 사회학자들에게 많은 주목을 받았는데, 특히 Talcott Parsons는 그의 저서 The Structure of Social Action(1937)에서 마샬이 제공한 한계유용성(Marginal Utility)에 대한 비평에서 'Action Frame of reference'에서 사용하게 되는 이론적 근거를 얻게 되었다고 한다. (역자 주)

행동을 추구하지 않을 수 없다는 점을 지적한다. 예를 들어, 상당히 소홀히 취급되고 있는 분야이기는 하지만 템플은 기독교 신앙이 그 출발에서부터 사회적이고 경제적인 표현을 시도했다는 점을 환기시키고 있다. 이 책의 상당 부분을 차지하는 '가진 자와 못 가진 자의 관계', '소유권의 문제', 특히 '관리하고 분배하는 권리로서의 소유'와 '배타적인 사용권으로서의 소유'를 주제로 하는 기독교적인 논의는 우리의 관심을 끌기에 충분하다. 역자는 이 부분에서 경제 선진국들이 주도하는 IMF, WTO 및 World Bank 등이 선진국의 이해관계를 보호하려는 교활한 금융·교역 정책으로 얼마나 수많은 제3세계 나라들을 빈곤과 실업 그리고 질병의 악순환에서 벗어나지 못하게 하였는가를 생각하게 되었다.[9] 신앙이 경제적인 문제들에 대하여 자신의 입장을 표명해야 한다는 사실은 초대교회 시대부터 중세에 이르기까지 기독교 전통의 공통된 부분이었다. 이러한 맥락에서 기독교인들은 정의의 이름으로 제기되는 국경을 초월한 경제·사회문제와 관련된 도전을 외면할 수 없다. 그 도전을 거부하거나 아니면 수용해서 그 상처를 치유하는 일에 몸바쳐야 한다. 경제와 사회질서에 대한 고발이 지닌 도덕적 요구 때문에 교회는 '개입' 해야 되며, 그렇게 하지 않는다면 자신에 대한 신뢰를 배반하는 일이 될 것이다. 기독교가 정치·사회문제에 관심을 가지고 개입을 해야 한다는 것은 오늘 우리만의 과제는 아닌 것 같다. "개입을 할 것인가? 말 것인가?"는 논의의 대상이 아니며 "교회는 어떻게 사회에 개입해야 하는가?"에 대한 답을 찾아야 한다. 이 질문에 대해서 템플은 세 가지로 대답한다.

"첫째, 교회 구성원들은 기독교 정신을 가지고 도덕적 의무와 역할을

---

9) Joseph Stiglitz, Globalization and Its Discotents. (Penguin Books, 2002).

수행해야 한다. 둘째, 교회 구성원들은 기독교 정신을 가지고 순수한 시민의 권리를 행사해야 한다. 셋째, 교회는 그 구성원들에게 도덕적 원칙들을 체계적으로 표명함으로써 앞의 두 가지 사항을 수행하는데 도움을 주어야 하며, 이러한 표명에는 현대 생활의 관습이나 제도 그리고 이 원칙에 위배되는 행위들에 대한 고발이 수반될 것이다."

우리 주변의 익숙한 하나의 실례와 연결시켜 이 주제를 생각해 보자. 템플은 한 공장의 부도는 고용인들의 실업을 의미하기 때문에 이런 불상사에 직면할 때 기업주 못지않게 노동자들도 매우 큰, 그리고 불공정한 피해를 받게 된다고 한다. 우리 사회에도 회사는 망해도 기업주는 망하지 않는다는 말이 있지 않은가?

우리는 2008년 말에 IMF 이후 또 한 번 경제위기를 맞으며, 수많은 부도사태의 저변에 무참하게도 잊혀진 희생자들, 특히 비정규직 노동자들에 대하여 사회가 무관심했다는 생각을 하지 않을 수 없다. 같은 맥락에서, 한 경제체계가 재화를 생산하고 분배하는데 상당히 효과적이기는 하지만 인간의 분열과 적대감을 만들고 키워간다면, 그리고 비인간화의 현상을 악화시킨다면, 그 체계는 재화생산의 실패와 같은 경제적인 이유에서가 아니라 그릇된 인간관계의 근원이 되는 도덕적인 이유로 비난을 면치 못할 것이다. 이러한 템플의 입장을 대하면 아무도 그를 시대착오적인 생각을 가진 종교지도자로 일축할 수 없을 것이다. 경제제도와 비인간화의 문제는 세대를 초월하여 제기되어 온 문제이기 때문이다.[10]

---

10) 자본주의 경제체제와 관련된 비인간화의 문제는 여러 문헌에서 찾아볼 수 있지만 몇 가지 예를 들면 아래와 같다 M. Harrington, ' The Other America' (Penguin Books, 1962). J. K. Galbraith, ' The Affluent Society' (Penguin Books, 1965). J. K. Galbraith, ' The Nature of Mans Poverty' (Penguin Books, 1979). K. Boulding, ' The Boundaries of Social Policy' (Social Work Vol12, No1. Jan. 1967. pp.3-11). L.C. Thurow. ' The Zero-Sum Society' (Vitage Books, 1982).

개인의 차원을 넘어서 만성적인 실업을 방치하는 사회는 병든 사회라는 사실과 한 사회가 그 처방책을 찾고 실행에 옮기기 위해 최선을 다하지 않는다면, 그 사회는 하나님 앞에서 죄를 짓고 있다는 것이 또한 템플의 생각이다. 실업에 대한 그의 생각을 들어보자.

"영국의 노동자 계급을 괴롭히는 가장 큰 죄악은 불안이다. 그들은 실업이라는 엄청난 두려움을 안고 살아간다. 그리고 우리 시대에는 새롭고 엄청난 악이 등장했다. 그것은 대규모의 장기 실업이다. 실업은 사람을 부패시키는 독약이다. 실업은 육체와 정신의 힘을 소진시켜 버린다. 특히 공동체가 실업자들을 어느정도 돕고 있는 현실에 있어서 실업이 주는 가장 나쁜 영향은 육체적인 결핍이 아니라 자신을 원하는 곳이 없다는 상태에서 겪게 되는 정신적 불행이다. 이런 불행은 여러 해 동안 직업을 가지고 삶의 기본 틀로써 그 일에 의존하며 살았던 성인들에게 가장 비참한 결과를 가져다 준다. 하지만 전혀 규칙적으로 일하는 습관을 가져본 적이 없는 젊은이들에게 가장 큰 해를 끼친다."

이 책은 21세기를 살아가는 우리에게 많은 도전을 준다. 템플은 우리에게 필요한 것은 '개인의 민주주의Democracy of the Individual'가 아니라 '인격의 민주주의Democracy of the Person'이며 이 두 가지는 반드시 구별되어야 할 성격임을 주장한다. 특히 후자는 "자유는 훈련 과정을 거쳐야 한다"는 그의 생각과 일맥상통한다. 같은 자유라도 세상의 재물을 충분히 가지고 있는 사람들이 자유를 요구하는 것은 "나를 내버려 두라"는 뜻이고, 재물을 충분히 가지지 못한 사람들이 자유를 요구하는 것은 "기회를 달라"는 뜻과 같다고 할 수 있다.

근년의 신자유주의적 이념에 친숙했던 사람들은 의아하게 생각하겠지만, 템플의 생각은 당시 영국의 철학자 이사야 벌린Isaiah Berlin이 주장하던 긍정적 자유Positive Freedom를 지지하는 입장으로 보인다.[11)]

영국의 자유사상과 민주주의에 관한 언급을 하면서 템플은 자유에 관한 한, 영국의 전통은 인간 보다는 하나님에 대한 복종을 요구하는 요소가 강했으며, 다른 대부분 나라의 민주주의 전통과 비교해 볼 때 단순한 자기 주장을 강조하는 이기적 요소가 적었다고 지적한다. 자기 주장적인 요소는 도덕적으로는 악이며 정치적으로는 재앙으로 밖에 간주할 수 없기 때문에 이런 자기 주장에 토대를 두고 있는 자유나 개인의 민주주의는 단지 이기심을 채우는 기회 창출에 일념할 뿐이며 무정부 상태를 거쳐 국가의 붕괴를 초래하게 된다. 인간이 아닌 하나님에게 복종하라는 요구는 의무에 대한 소명감을 불어 넣어주기 때문에 도덕적 힘의 원천이 되며, 동시에 자유를 개인이 아닌 공동체 전체를 위해서 사용하게 하는 정치적 안정의 원천이 되기도 한다. 그런가 하면 이 책의 마지막에 〈부록〉의 형태로 등장하는 "평화의 원칙 실행계획 제안"은 현재의 한국 사회에도 적용할 수 있는 여지가 충분하며, 개발도상국 또는 선교지의 사회발전을 위한 기본원칙으로 채택해도 아무런 무리가 없을 것이라고 생각한다.

---

11) Isaiah Berlin, Four Essays on Liberty (Oxford Paperbooks, 1969). 이 책에서 Berlin은 '긍정적자유Positive Freedom' 와 '부정적자유Negative Freedom' 에 대해서 논하고 있는데, 템플이 예를 들고 있는 '나를 내버려 두라' 는 자유는 자신의 이익만을 추구하는 자유로 아마도 Berlin이 의미하는 '부정적 자유' 와 일맥상통할 것이다. 때로는 인간의 의도나 행동이 순리적으로 조화를 이루지 못하기 때문에 보다 숭고한 가치인 정의와 행복, 인정, 상당 수준의 평등을 구현하기 위해서는 단 하나의 가치인 자유마저도 희생을 요구해야 될 필요가 있다. 사회정책의 목적을 달성하기 위한 한 형태의 국가개입은 개인의 자유를 박탈하는데 의미가 있는 것이 아니라 보다 고귀한 가치 실현을 위해 정당화될 수 있는 개입이다. 즉 긍정적 자유의 일면이다. 여기에서 '긍정적 Postive' 이라는 것은 Positive Intervention 즉, 국가의 개입이 존재하는 것을 의미한다. pp.118-140 참조.(역자 주)

요한 웨슬리는 "힘껏 벌고, 힘껏 저축하고, 힘껏 남에게 주십시오!"라고 가르쳤는데 한국의 기독교, 아니 숱한 대부분의 인간 사회는 '힘껏 버는데'에만 총력을 다해온 것이 사실이다. 이 책은 지금보다는 더 '힘껏 남에게 주는' 사회를 만들기 위하여, 그것이 바로 기독시민의 기꺼운 책임이 되어야 한다고 가르치고 있다. 같은 관점에서 기부행위는 자선이 아니라 정의로운 행동이며, 더 나아가서 자기희생을 감수하면서도 남에게 줄 수 있다면 그것은 가장 참된 자기성취라는 가르침을 상기시켜 준다. 한국은 아직 정당정치가 깊게 뿌리 내리지는 않았지만 영국은 대체로 보수당이 '가진자'들을, 노동당은 '못가진자'들을 대표하는 것으로 인식되고 있다. 템플은 이러한 현상도 윤리적으로는 비기독교적이라고 한다. 기독교인들이 정치, 특히 선거 때 취해야 할 태도는 '어느 정당이 내게 가장 유리할 것인가?'가 아니라 '국가를 위해서 무엇이 최선인가?'라고 묻는 것이며 이 경우에 '최선'과 '최악'의 기준은 바로 기독교의 기준이라는 사실을 유의하며 끊임없이 주지시켜야 한다고 했다. 기독교 신자는 적어도 자기 자신의 이익보다는 공익을 앞세우는 기독교 정신을 가지고 투표해야 하며, 자신이 속한 기득권 차원의 편협한 이익보다 더 크고 명백한 어려움을 가지고 있는 분야의 이익을 우선 고려하여 투표해야 된다는 것이다.

    한국을 포함한 세계 여러 나라가 환경문제에 대하여 관심을 두기 시작한 것은 그리 오래된 일이 아니다. 그런데 템플은 이미 1940년대 초에 "토지는 단순한 물적 자원이 아니다"라고 갈파하면서 "어머니인 지구"라는 말에는 인간과 자연의 관계에 대한 심오한 진리를 담고 있다고 하였다. 그리고 인간이 자신의 일할 토지를 소유하고 있을 때, 그리고 자신이 소유한 토지를 투기의 목적으로 방치해 두는 것이 아니라 생산적으로 운영할 때 자연은 최대한으로 개발된다고 했다. 따라서 인간이 토지를 소유하는 것은 물질적 자원의 소유자로서가 아니라 공동체를 위한 관리자와 피위탁자의 소유로써 인식되어야 한다는 것이다. 따라서 유익하게 사용되지 않는 토지에 대해서는 세금을 물릴 수 있으며 혹은 국가의 소유도 정당화 될 수 있다. 물론 토지 개념에 대해서는 다소 시대적이고 문화적인 차이가 있지만 그가 주장하는 핵심은 어떤 경우에도 토지를 순수한 개인의 소유물로 특히, 급속한 부富의 축적 수단으로 삼아서는 안 된다는 것이다. 그의 입장은 부동산 투기로 인한 부의 축적이 생활화되어 있는 우리 사회에 상당한 도전을 준다. 대천덕 신부의 토지 문제에 관한 저서도[12] 템플의 영향을 받지 않았을까 생각한다.

'복지국가'란 용어는 2차 세계대전 중인 1941년 당시 영국의 요크York시 주교였던 템플이 최초로 사용한 것으로 알려져 있다. 물론 1880년대에 일련의 사회보장제도를 구축한 비스마르크도 독일에서 '복지국가Wohlfahrstaat'라는 개념을 쓴 적이 있다. 그러나, 보다 더 깊은 의미로써는 독일 히틀러의 독재적 파시즘에 대응하는 개념으로써 당시 옥스포드 대학의 학자였던 알프레드 짐머만이 사용했던 것으로 알려져 있다. 그러나 '복지국가'라는 어휘가 보다 본격적으로 빛을 보게 된 것은 바로 템플의 저서 『시민과 기독인Citizen and Churchman』을 통해서였다.[13] 기독인으로서 템플이 '복지국가'라는 개념을 사용했다는 이유 하나만으로도 그는 사회 발전을 위한 하나의 논제를 제시했을 뿐 아니라, 기독인에게 전

---

12) 대천덕, 『신학과 사회에 대한 성경의 가르침』 (도서출판 CUP, 2003).
13) Bruce, Maurice, The Coming of the Welfare State (London: Batsford,1968).p.32.

쟁이 아닌 평화의 문제가 얼마나 절박한 과제인가를 상기시켜 주고 있다. 이 번역서를 탈고하는 이 순간에도 팔레스타인의 가자 지역에서는 하마스를 목표로 한 이스라엘의 가공할 공격이 진행 중이며, 미국은 이라크과 아프가니스탄의 전쟁에 2008년 말까지 6천4백5십억 달러를 투입함으로써 미국의 가정에 매년 138달러의 전쟁 부담금을 안겨 주었고, 결국에는 3조 달러 (3,400조억 원)의 전쟁 비용을 치를 것이라는 경고를 받고 있다.[14] 2차 대전 이후 근 60여 년간 경제 선진국들은 개발도상국들의 경제·사회 발전을 위해 2조3천억 달러(2천조3천억 원)을 쏟아 붓고도 세계 인구의 28억은 하루 2달러 이하로 먹고, 입고, 살고, 병을 치료하고 자녀들을 교육시키려고 몸부림치며 굶주림과 질병과 실업과 환경파괴로 시름하고 있다.[15] 실로 진정한 복지는 물질적 발달에만 국한될 수 없기에 인간과 인간의 관계, 특히 전쟁의 공포가 없는 평화로운 삶의 바탕을 추구하는 것이 가장 절실한 과제가 아닐 수 없다. 역자는 번역을 구상하며 처음으로 이 책을 손에 드는 독자들이 " 이 책에서 무엇을 기대할 수 있을까?" 라는 질문에 대한 간략한 대답으로 이 서문을 준비했다. 진리의 한 가지 특성이 보편성과 불변성이라면 이 책은 오늘을 살아가는 독자들, 특히 기독인들에게 인간 공동체의 구축에 필요한 현재와 미래를 위한 몇 가지의 원리를 제시해 줄 것이라고 생각한다. 가깝게는 " 일치와 갱신을 넘어, 사회봉사로 무너진 한국 기독교의 신뢰를 회복하며, 선교와 전도의 교회 본질을 찾는 길"[16]을 나름대로 제시하고 있다고 믿는다.

---

14) Joseph Stigliz & Linda Bilmes, The Three Trillion Dollar War (The True Cost of the Iraq Conflict.) (Allan Lane, 2008).

15) William Easterly, Whiteman's Burden, Oxford. 2007

16) 국민일보, ' 한국 기독교 목회자 협회 창립 10주년에 즈음하여', (2008. 11).

역자 서문

    책을 번역하면서 독자들의 이해를 돕기 위해 역자로서 몇 개의 각주를 첨가하였다. 하지만 이윤구 박사님께 권두언을 받아야 겠다는 생각을 내내 했었다. 그 이유는 물론, 그분이 템플이 이 책을 집필하던 당시 영국의 경제·사회 상황에 대한 각별한 이해도 있으시겠지만, 현 한국과 같은 물질만능의 시대에 평생을 무소유의 삶을 사시며 평화, 자유, 동료애, 헌신과 봉사의 원칙을 몸소 실천해 오신 분이기 때문이다. 또한, 박을종 사무총장님의 추천사를 요청한 것은 한국사회를 보다 성숙한 '나눔의 사회'로 이끌어가고자 주력하고 있는 「한국사회복지공동모금회」와의 관계 때문이다.

    2010년 3월
    한반도 국제대학원 대학교 국제협력학과
    김 형 식

차 례

◆ 추천의 글 이윤구 총재 (세계 결핵제로운동본부) · 4

　　　　　　　박을종 사무총장 (공동기금 모금회) · 6

◆ 역자서문: 현재와 미래를 향한 우리 시대의 도전 · 8

◆ 일러두기(원문에서) · 26

제 1 장 교회는 무슨 권리로 사회에 개입하는가? · 29

　　1. 교회의 사회개입의 역사 · 29

　　2. 교회의 사회개입의 근거 · 30

　　3. 교회의 사회개입의 4가지 원칙 · 34

　　　　1) 고통 받는 사람들에 대한 동정과 호소 · 34

　　　　2) 사회·경제체제의 교육적 영향력 · 39

　　　　3) 정의의 이름으로 현 체제에 대한 도전 · 40

　　　　4) '자연의 질서'에 부합해야 할 의무 · 41

제 2 장 교회는 어떻게 사회에 개입해야 하는가? · 45

제 3 장 교회는 역사적으로 사회개입의 권리를 주장한 적이
　　　　있었는가? · 55

　　1. 성서의 기본 원칙 · 58

　　2. 현대 교회와 새로운 문제의 시작 · 67

제 4 장 기독교의 사회적 기본 원칙 · 73
    1. 하나님의 목적 · 79
    2. 인간 : 인간의 존엄성, 비극과 그 운명 · 80

제 5 장 기독교 사회 원칙: 파생 원칙 · 87
    1. 자유 · 87
    2. 사회적 동료애 · 91
    3. 헌신과 봉사 · 96

제 6 장 자연질서와 원칙들의 우선순위 · 105

제 7 장 기독신앙의 실천 원리 · 115
    1. 1차적 사회 단위로서의 가족 · 116
    2. 인격의 신성함 · 118
    3. 동료애의 원칙 · 122

〈부 록〉 평화의 원칙 실행계획 제안 · 135

일러두기(원문에서)

본래 이 책은 치체스터 주교의 펭귄 판 명저 『기독교와 세계 질서』의 자매 격으로 저술을 제안 받았던 것이다. 하지만 원하는만큼 철저하게 그분의 구상에 따라서 이 책을 저술할 수는 없었다. 교회 연합체들의 공식적인 발언에 대한 많은 인용문을 제시할 수 없었기 때문에 1897년, 1908년, 1920년에 열린 램베스 총회 보고서들과 1937년에 열린 옥스포드 총회의 관련 분과 보고서, 그리고 최근 국제적 형제애와 사회적 책임을 위한 교회 위원회가 " 사회 정의와 경제 재건"이라는 제목으로 발행한 성명서를 이 책에 인용하기로 했다. 이러한 문서들의 인용문들은 내가 제시하는 원칙들이 단순히 나의 개인적인 관점이 아니라 기독교의 사회적 가르침이 지닌 주된 흐름을 대표하는 것임을 보여줄 것이다.

이 저술에 도움을 준 많은 분들 외에도 특히 원고 전체를 타자해 준 도로시 하월 토마스양에게 감사하며, 타자 원고를 읽고 여러 가지 훌륭한 제안을 해준 토니[17]교수와 앨리스 라셀양에게도 감사드린다. 그리고 리즈 대학교의 부학장 무앗 존스 교수, 헨리 클레이 교수, 그리고 키니 씨 등은 교정쇄를 읽고 평을 해 줌으로써 몇 가지 모호한 점을 피하고 논점을 분명히 할 수 있게 해 주었다. 이 분들 중에서 그 누구도 내가 한 말에 대해서 책임이 없다는 점은 첨언할 필요도 없을 것이다.

1941년 11월 15일
윌리엄 에버 템플 William Ebor Temple

---

17) Tawney, Richard Henry(1850-1962). 영국의 정치·경제·역사의 거장으로서 기독교 사회주의적인 도덕주의자이다. 독일 M. Weber와 비교되는 학자로서 자본주의 기원에 대한 연구로써 사회학에도 관심이 지대했으며 영국의 노동당 초기 발전에도 기여한 바가 크다. 사회개혁에 대한 그의 관심은 막시스트가 아닌 종교적 (기독교)인 관점에서 비롯되며 권력의 분배라기 보다는 분배의 정의에 지대한 연구적 관심이 그의 학문적, 이념적 성향을 잘 설명해 준다. Tawney의 학문적 기여의 여파로 사회학자들로 하여금 경제분야에 관해 연구할 수 있는 기회를 만들어 주었다는 평을 받으며 경제적 개인주의에 대한 신랄한 비판가로 알려져 있다. London School of Economics(런던 정경대)에서 교수를 역임했으며, 사회정책의 거두 Richard W. Titmuss에게도 지대한 영향을 미쳤다. 그의 잘 알려진 저서로서는 Religion and the Rise of Capitalism (1926), The Acquisitive Society(1933), Equality(1931) 등이 있다. (역자 주)

제 1 장
교회는 무슨 권리로 사회에 개입하는가?

1. 교회의 사회개입의 역사

   기독교가 정치와 경제문제에 관심을 가져야 한다는 점에 대해서 많은 사람들이 불쾌하게 여기고 있으며, 심지어 기독교인들 조차도 같은 생각을 한다. 대부분의 사람들은 종교란 예술이나 학문처럼 삶의 한 부분이며, 예술이나 학문, 상업, 또는 정치 같은 다른 분야들에 원칙을 제시하는 길잡이 역할을 수행한다고 생각한다.

   1926년에 일어난 불행한 석탄 노동자 파업에서 일군―群의 주교들이 정부와 광산 소유주와 광부들의 합의를 이끌어 내려고 시도했을 때, 당시 수상이었던 볼드윈은 "만일 정치가인 내가 아타나시우스 신앙고백서를 개정하는 문제에 강철 생산자 노조를 끌어들인다면 주교들은 좋아하겠느냐?"고 물었다.

2. 교회의 사회개입의 근거

역사를 알기 위해 독서를 하는 이들은 많지 않다. 교회는 현세가 아닌 내세에 관심을 가지고 있다. 따라서 내세의 희망과 관련된 개인적인 신앙 행위만이 중요하다는 것을 암묵적으로 강조하는 이런 시대에 교회가 정치적인 영향력을 행사했던 역사에 관심을 가지는 사람은 거의 없다.

사람들은 교회는 사회문제에 거의 영향력을 행사하지 않고 있다고 여기며, 교회는 사회에 어떤 영향력도 행사하지 말아야 한다고 생각한다. 나아가 이러한 생각을 고착화 시키는 가설은 자명한 것이며 언제나 이성적인 사람들에 의해 그러한 가설이 설정되었다는 또 다른 가설까지도 그대로 받아들인다. 사실 이러한 가설은 전적으로 현대에 와서 생겨난 것으로, 상당히 많은 문제점을 가지고 있다. 일반화된 모든 가설은 각각 한 가지씩의 실제적인 토대를 가지고 있다. 앞에서 말한 가설이 양면성을 지니고 있듯이 이러한 가설은 실제적인 토대를 가지고 있다. 첫째로 이 가설은 무엇보다도 삶의 모든 중요한 부분들이 그 자체의 기술적인 측면에 있어서 독립적이고 자율적이라는 매우 건전한 확신에 근거하고 있다. 그리고 둘째로 권력을 누리던 시절의 교회와 그 이후의 기독교 이론가들이 대개 그러한 현실을 무시해 왔다는 사실에 근거한다.

갈릴레오의 경우에 신학자들이 자신들의 신학적 근거에 입각해서 자연 과학의 자율성에 개입했듯이, 때로는 기술적이고 동시에 도덕적인 문제들이 함축되어 있는 경제분야에도 개입을 시도했다. 이러한 사실은, 사람들을 조종하는 수법으로 먹거리를 가지고 사람들을 억압하는 것을 막기 위해서 로드 대주교가 성실청星室

廳을 활용했던 일이나, '종획목장'[18]을 감시하기 위해 설립된 위원회의 활동을 열렬히 후원했던 일에서 잘 드러난다.

로드 대주교는 성미가 급하고 거만한 사람이었다. 하지만 그는 가난한사람들의벗이었고,가난한이들을노예화하는소위 '발전' 이라는 것에 완강히 맞섰던 정의를 향한 진정한 열정을 가진 사람이었다. 그러나 사람들은 너무 쉽게 그에 대해서 판단을 했다. 로드 대주교의 악덕이 당대의 가장 큰 권력가들을 참을 수 없게 만들었던 것은 사실이지만, 그렇다고 해서 그의 미덕이 권력의 후계자들의 마음에 든 것은 아니었다. 그리고 역사도 그를 대주교의 정적들보다 더 관대하게 취급하지 않았다.[19] 그는 개혁가가 아니었다. 그는 지독한 보수주의자였다. 대주교는 위대한 종교 개혁가들이 재건하려 했던 중세의 전통을 유지하려고 애썼다. 래티머는 교회의 교의와 예배를 개혁하려고 했던 만큼, 정치·경제적인 옛 도덕 원칙들을 예언자적으로 지지했던 사람이다. 이 분야에 대한 교회의 통제는 그다지 효과적이지는 못했지만 교회의 법이 죽은 문서에 불과하지만은 않았다.

14세기 중반의 피렌체(플로렌스)는 중세 자본의 중심지였다. 하지만 피렌체에서조차 세속적인 권력가들은 좌우의 은행가들에게 벌금을 물렸다.[20] 두 세기 후에 대주교 그린달이 요크 교구 평신도들에게 내린 포고문(1571년)은 비록 그 이면에 모종의 거래를 감추

---

18) 종획지역 : 산업혁명 초기 면양의 생산을 위해 경작지를 분리하여 목초지를 만들게 되었고 많은 자작농들이 토지로 부터 추방되어 대규모의 부랑인이 되었고, 간접적으로 영국 엘리자베스 여왕의 구빈법(The Poor Law)와도 관련을 맺게 된다. 자세한내용은 김영모의 『사회복지학』(1999) 중 제4장 '사회복지의발달' 참조. 한국복지정책연구소 출판부. (역자 주)

19) R.H. Tawney, Religion and the Rise of Capitalism, pp.170, 171.

20) Ibid, p.237

고 있다고 하더라도, 자금을 빌려주고 원금보다 많은 돈을 요구하는 사람들은 관할 주교에게 출두할 의무가 있다는 것을 분명하게 강조하고 있다.[21]

영국 교회가 상업분야에서 도덕적인 통제권을 포기하게 된 것은 왕정복고 이후의 일이다. 당시 종교의 중심적인 요새는 급박한 위협에 직면해 있었고, 18세기 내내 오로지 신학과 개인과 하나님의 직접적인 관계만이 신학의 관심사였는데, 이런 상황은 계속될 수 없는 것이었다.

존 웨슬리는 교회를 정치로 복귀시킬 생각이 없었다. 하지만 그의 희생은 그런 영향력을 끼쳤다. 노예무역과 노예제도 자체의 폐지는 정치적인 작업이였고 이 일은 복음주의자들의 열정적인 믿음을 통해서 이루어졌다. 빅토리아 여왕 시대의 첫 수상이었던 멜번 경에 대한 이야기가 전해진다. 그는 복음주의자의 설교를 듣고 나서 만일 종교가 사적인 생활에 개입하려 한다면 상황이 매우 복잡해질 것이라고 말했다. 그 뒤를 이은 수상들도 종교의 공공생활에 대한 개입에 대해 멜번 경과 같은 생각을 가지고 발언을 했지만 종교의 정치적 개입은 꾸준히 늘어났다.

본래의 위치로 되돌아가게 된 단계들을 살펴보는 것은 흥미있는 일이다. 먼저 노예무역을 폐지하고 노예들을 방면하기 위한 오랜 투쟁이 일어났다. 이 투쟁은 인간적인 동정심과 상처 받은 개인들에 대한 배려에 의한 것이었다. 이 투쟁은 바로 감옥 개혁운동으로 이어졌으며, 운동이 진행되어 감에 따라서 존 하워드와 엘리자베스 프라이가 합류했다. 그리고 나서 일련의 공장법들이 제정되었고, 그때까지도 주된 동기는 개인에 관한 것이었다. 하지만 본질적

---

21) Ibid, p.161.

으로 이 운동은 정치적인 행위일 뿐 아니라, 고용주와 고용자의 관계에 영향을 미쳤고, 그런 면에서 사회구조에도 영향을 미쳤던 것이다. 일련의 법안들이 통과되자 제임스 루들로와 뒤이어 모리스, 찰스 킹슬리 등이 기독교 사회운동[22]을 출범시켰다. 이 운동은 전체 사회질서를 하나님과 인간에 관한 기독교 신앙에 입각한 심판대 위에 올려놓았다. 이 운동은 웨스트코트, 고어, 스코트 홀란드에 의해서 '4년 전쟁' 직전까지 계속되었으며, 전쟁 이후까지 이어졌다. 이 운동의 정신이 전체적으로 표출된 것은 1924년 버밍햄에서 열린 '기독교 정치·경제 시민권 총회'라고 할 수 있다.

지금까지 대강 훑어본 역사에 의하면, 오늘날 정치와 경제문제에 관한 교회의 주장은 새로운 입장을 취하여 새로운 권리를 내세우는 것이 아니라, 이미 전부터 보편적으로 인정되고 광범위하게 존중되었던 권리를 다시 주장하는 것으로 이해되어야 마땅하다. 하지만 역사는 특히 교회의 주장이 삶의 여러 분야가 지닌 '기술의 자율성'을 무시할 때 이 권리가 무분별한 남용으로 오염될 수 있다는 사실을 보여주고 있다. 종교가 인간의 저급한 욕망으로 돈을 벌기 위해 예술적인 재능을 사용하는 것을 책망하는 것은 정당하겠지만, 원근법이나 붓의 사용에 관한 법률을 제정할 수는 없는 노릇이다. 종교는 학문적 탐구가 진리에 대한 순수한 사랑에 의해 촉진되어야 하며, 나치 독일에서와 같이 정치적 목적에 의해 왜곡되어서는 안 된다고 주장할 수 있다. 또 경제와 다른 인간 활동들 간의 올바른 관계에 대한 견해를 천명할 수도 있을 것이다. 그렇지만 구체적인 경제 계획들이 지닌 순수한 경제적 효과가 어떤 것인

---

[22] 영국의 빈민구제와 사회철학에 실제적으로 가장 큰 영향을 미친 3가지 요인은 ⓐ사회개혁운동, ⓑ자선조직회, ⓒ사회조사인데 특히 사회개혁운동 속에 챠티스트, 기독교사회주의 및 노동조합운동이 포함된다. 김영모, 전게서 p.97이하 참조.(역자 주)

지를 안다고 주장할 수는 없다. 하지만 교회는 어떤 종류의 경제적 소득 추구는 그것이 경제보다 더 큰 이득을 손상시키기 때문에 하지 말아야 한다고 말할 권리는 가지고 있다. 그러나 경제분야 전체의 이러한 종속 원칙은 아직 일반적으로 받아들여지지 않고 있다. 사실 우리 모두는 가난한 이들에 대한 착취, 특히 초창기 공장에서의 미성년자에 대한 노동착취는 어떠한 경제적 논리로도 용서할 수 없고, 용납할수 없는 혐오스러운 일이었다는 사실을 알고 있다. 하지만 이 개별적인 사례가 혐오스러운 일이라고 시인함에도 불구하고 경제가 비경제적인 기준에 종속되어야 정당하다는 원칙이 수용되고 있지 않음을 잘 알고 있다.

3. 교회 사회개입의 4가지 원칙

이 문제에 대한 우리 시대의 접근 방식으로는 다음과 같은 서로 다른 네 가지 원칙이 있다. 먼저 고통 받는 사람들에 대한 동정과 호소, 둘째, 사회·경제체제의 교육적 영향력, 셋째, 정의의 이름으로 제기되는 우리의 현재 체제에 대한 도전, 넷째, 하나님의 창조목적을 찾아내기 위해 '자연질서'에 부합해야 할 의무이다.

1) 고통 받는 사람들에 대한 동정과 호소

현존하는 악에 의해 유발된 고통은 기독교적인 정신과 양심으로는 무시할 수 없는 동정심에 호소하고 있다. 영국 사회의 경우, 2차 세계대전 전에는 광범위하게 퍼진 고통에 세 가지 주된 원인이 있었다. 그것은 열악한 주거 환경, 영양실조, 그리고 실업이었다.

사람들이 열악한 주거 환경에 의한 여러 형태의 고통은 부분적으로는 쉽게 상상할 수 있겠지만 이 문제에 관해 개인적 체험이 없이는 전체적으로 이해할 수 없다. 헛되이 먼지와 더러움과 신경을 거스르는 소음과 끊임없이 싸워야 하는 과정 속에서 여성의 자긍심이 붕괴되고, 지친 노동자들이 안락하게 쉴 수 있는 집이 없다는 현실과 어린아이들이 뛰어 놀 공간이 없다는 사실 등 빈민가가 처한 열악한 환경의 주된 원인은 그곳에 거주하는 사람들 때문이 아니다. 사람들이 새로운 주택 단지로 이주하게 되는 경우, 그들 중 반 이상은 그 새로운 환경에 완전히 적응하게 되며, 3/4 이상이 그 새로운 환경을 합리적으로 활용할 수 있게 된다. 그런 열악한 주거 환경을 참고 살라는 것은 부당하고 냉정하고 잔인한 일인 것이다.

영양실조는 가난과 무지의 직접적인 결과이다. 영양실조는 육체를 약화시키며, 적개심과 성급한 정신을 가지게 한다. 따라서 선량한 시민의식과 동료애에 영향을 미친다. 어린아이들이 가장 심각한 피해자로, 어린 시절에 이처럼 영양실조로 고통을 당한 사람들은 후에 자라서도 온전한 힘과 육체적, 정신적 안정성을 가지기 어렵게 된다. 실업자들의 신체를 단련시키는 교실을 운영하려고 시도했을 때 참가자들 대부분은 훈련을 감당할 수가 없었다. 육체적인 훈련은 그들을 너무도 배고프게 만들었기 때문이다.

실업은 사회악들 중에서 가장 무서운 것으로써 최근에는 더욱더 심각한 형태로 발전되었다. 오래 전부터 우리는 일시적 실업, 계절적 실업, 주기적 실업을 겪어 왔다. 이 실업의 종류를 분류하는 목록에 붙어있는 형용사들은 실업의 심각성이 더욱 증대되었음을 보여준다. 그리고 이제 우리는 만성적 실업과도 직면하게 되었다. 일시적 실업은 한 직업을 마치고 다른 직업을 시작하는 중간에 활동을 하지 않는 기간일 뿐이다. 합리적인 보험 제도를 갖추고 있는 경우, 그 기간이 길지 않다면 크게 해로울 것은 없다. 일시적 실업이 인간의 존엄성을 파괴하지는 않는다.

계절적 실업은 1년 중 특별한 계절에는 일이 별로 없는 직업의 경우에 발생한다. 우리들은 이미 그러한 계절을 알고 있으므로 이에 대비할 수가 있다. 덴마크인들은 이 문제에 관한 선구자들이다. 덴마크인들이 운영하는 '대중고등학교' 라는 제도 안에는 바로 이러한 계절적 실업 기간에 대비하는 방법을 가르치는 과정이 포함되어 있다. 이 학교에 개설된 '덴마크 역사와 문학' 과 '협동농장 운영원리' 과목은 덴마크 농업을 크게 번성시키는 중요한 역할을 해왔다. 이러한 제도와 그 외의 다른 방법들을 통해서, 그리고 훌륭한 보험 제도의 도움으로 계절적 실업은 휴식을 위한 가치있는 시간으로 바뀔 수 있었다.

주기적 실업은 훨씬 더 심각한 문제이다.[23] 산업혁명과 증기기관의 도입 이후 교역의 역사를 보면 번영과 쇠퇴의 시기, '호경기' 와 불경기가 교차되고 있다. 1914년 전에 찾아온 '불경기' 가 지독하게 우리를 괴롭혔다. 이때 마음씨 착한 사람들은 급식소를 세우고 배고픔과 좌절로부터 가정들을 지키려고 애썼다. 제대한 군인들이나 일거리가 없어진 군수품 공장 노동자들과 같은 특수한 문제 때문에 '실업수당' 이라는 부당한 이름의 제도가 생겨나게 되었으며, 그와는 별도로 큰 변혁이 불가피하게 되었다. 하지만 여전히 주기적 실업이 안겨주는 고통은 막대하다. 대개 일을 하지 못하고 쉬는 기간이 길기 때문에 이 실업문제는 이제는 고질화된 실업형

---

23) 주기적 고용 불안 문제와 그 원인에 관한 고전적인 연구로는 1909년 발간된 윌리엄 비버리지(Sir William Beveridge)의 저서 *Unemployment : a Problem of Industry* 가 있다.

태로 발전되어 어려운 문제가 되었다.

만성적 실업은 최근에 발생된 문제이다. 이 실업은 전쟁과 같은 극단적인 방법을 쓰지 않는 이상 우리가 지니고 있는 체제로는 치유가 불가능해 보인다. 이 문제를 연구하기 위해서 나는 필그림 트러스트 재단이 지원하고 캠브리지 대학 출판사에서 발간한 『Men Without Work』을 참고로 했다. 이 책의 요점은 다음과 같다.

첫째, 주기적이든 아니면 더 영구적인 조건들에 의한 것이든 이러한 만성적 실업이 끼치는 가장 큰 해악은 실업자들로 하여금 자신들이 공공생활에서 탈락되었다는 느낌을 가지게 한다는 것이다. 육체에 필요한 것들이 아무리 충분히 제공된다고 하더라도 가장 중요한 문제는 사라지지 않는다. 즉, 그것은 아무도 그들을 원치 않는다는 것이다. 이 문제는 상당한 정도의 정신 수양을 쌓은 사람이 아닌 이상 모든 사람들의 영혼을 파괴할 수 있는 막강한 힘을 지니고 있다. 실업에 처한 사람은 봉사할 기회를 갖지 못하기 때문에 자기 자신에게 집중하게 되고, 개인의 성향에 따라서는 마음 편한 게으름뱅이가 되거나 적개심을 품은 이기주의자가 된다. 지금까지는 바로 이러한 도덕적 고립이 실업에 뒤따르는 가장 무거운 짐이고 가장 독성이 큰 해독이라는 사실을 충분히 이해하지 못했다. 육체적인 배고픔만이 아닌 사회적 무용성도 큰 문제인 것이다. 따라서 실업자들에게 고용된 사람들만큼의 급여를 주는 것만으로는 이 문제의 처방이 되지는 못한다. 실업자들은 지적 흥미를 가지고 자신의 여가를 보낼 수 있어야 하며, 이러한 흥미를 서적이나 강의를 통해 충족하며 봉사할 수 있는 기회를 찾을 수 있어야 한다. 그래야만 일이 없는 상태에서도 불만을 갖지 않을 수 있다. 사회의 반대편 저울에는 이러한 형태의 치명적인 죄악(기술적 용어로는 무능력자라고 하는)으로 고통 받는 많은 사람들이 있다. 공동체가 필요로 하는 무엇인가를 할 수 있게 해주지 않고서는 아무것도 실제적인 문제에 대한 치유책이 될 수 없는 것이다. 공동체에 필요한 일을 한다는 것은 서로를 위해 살아야 하는 인격적 원칙의 한 부분이기 때문이다.

둘째, 사람들은 개인적인 역사와 체험에 의존하고 있다. 최근의 한 조사에서 평온을 깨뜨리는 요소가 발견되었다. 만성적 실업이 만연된 어떤 도시에서 전에 온전한 직업을 가졌던 나이든 사람들은 실업 수당보다 적은 보수를 받고도 취업하기를 원하는 반면에 고정적인 직업을 가져본 적 없는 젊은 사람들은 더 많은 주급을 받고 취업을 할 수 있다고 해도 '실업수당'을 받으면서 빈둥거리는 쪽을 택했다. 이것은 젊은이들이 게을리 사는 것을 행복해 한다는 뜻이 아니다. 그들 대부분은 자신의 무용성과 좌절을 의식하고 있었으며(그들은 이런 용어들을 사용하지 않으려 했지만), 자신들을 필요로 하지 않고 자신들에게 자리를 내어 주지 않는 세상을 미워했다. 하지만 그들은 규칙적이고 힘든 노동이 너무도 싫었던 것이다. 그들은 모든 것에 대한 불만이라는 상황 속에 빠져든 것이다.

실업을 치유할 수 있는 유일한 길은 취업뿐이다. 학교 교육을 마친 후 부터는 휴가라고 볼 수 있는 정도의 기간 이상을 쉬지 않고 힘이 다할 때까지 계속 일하는 것이다. 다시 말해서 우리는 지속적이고 일반적인 고용을 제공할 수 있는 사회질서를 찾아야 하는 도전에 직면해 있으며, 이것이 성공할 때까지 우리의 양심은 편치 못할 것이다. 기독교의 자비가 그것을 요구하고 있다.

2) 사회·경제체제의 교육적 영향력

지금까지 실업문제에 대해 이야기하면서 우리는 이미 사회문제들에 관한 교회의 두 번째 관심 영역으로 넘어와 있다. 그것은 사회가 지닌 교육적 영향력과 사람들이 살아가는 경제체제에 관한 관심이다. 이 문제는 플라톤이 『공화국』 제8권과 제10권에서 처음 제기한 문제이다. 사회질서는 시민들의 마음에서 움직이고 있는 가치 감각을 일단 표현해 내고, 새로운 매 세대마다 같은 감각을 재생산해 내는 경향을 가지고 있다. 스파르타나 프러시아나 나치 독일처럼 국가가 군대 지도자들을 중요하게 여긴다면, 그것은 시민사회에서 비록 규모는 작을 수도 있지만 영향력을 가진 집단이 특별히 군대의 특질들을 명예롭거나 중요하게 여기고 있음을 반영하는 것임이 분명하다. 그리고 그러한 평가를 표현하는 사회체제는 자라나는 세대에 거듭해서 그 평가를 제시함으로써 매 세대마다 같은 기준의 평가를 심어주게 된다. 부富가 두드러진 영예의 대상이 되는 이유가 그 경우이다.

나치는 모든 독일 젊은이들을 히틀러 유겐트에 가입시켜 나치 정권이 숭상하고 필요로 하는 특성들을 훈련시키고 있다. 그리고 우리는 젊은 영국 청년들을 치열한 경쟁의 세계로 내몰고 있다. 거기에서 각 젊은이들은 스스로 서야 하며(그것은 좋은 일이다), 매장당하지 않으려면 자신의 이익을 위해 싸워야 한다(이것은 좋지 않은 일이다). 우리의 체제는 심사숙고하여 고안해 낸 체제가 아니다. 하지만 결과는 마찬가지이다. 이 체제는 자기 주장을 내세우는 치열한 싸움을 향해 나아가도록 계속 유도한다. 경제체제가 교육적인 영향력을 가지고 있으며, 좋든 나쁘든 막대한 능력을 가지고 있다는 것은 모두가 알고 있는 사실이다. 지난 세대, 전통 경제학의 대가인 마샬은 경제체제가 국민의 특성을 형성해내는 교육적 영향력이 가장 큰 종교와 대등할 정도의 영향력을 지니고 있다고 보았다. 그렇다면 교회가 경제체제에 관심을 가져야 하는 것은 분명한 일이다. 왜냐하면, 교회의 첫 번째 관심사는 사람들 마음 속에 기독교 신자의 특성을 발전시키는 것이기 때문이다. 교회는 경제와 같이 사회에 영향력이 큰 체제를 발견하면, 그 영향력이 기독교 신자의 특성을 발전시키는 쪽의 영향력인지, 아닌지를 물어야 하며, 만일 그 대답이 부분적으로나 전적으로 부정적인 것이라면 교회는 그 체제의 변화를 얻어내기 위해 최선의 노력을 다함으로써 그 체제 안에서 적이 아닌 동지를 찾아내야 한다. 이러한 노력과 우리나라의 현 상황이 얼마나 거리가 먼가에 대해서는 차차 논의할 것이다. 지금 이 자리에서는 단지 교회가 자신의 믿음을 저버리지 않는 한, 경제체제에 대한 비판을 게을리 할 수 없다는 사실과 그러한 비판에 의해 촉진될 수 있는 행동들을 추구하지 않을 수 없다는 사실만을 지적하고 넘어가겠다.

3) 정의의 이름으로 현 체제에 대한 도전

현재의 경제체제는 도덕적 근거에 대한 도전에 직면하고 있다. 단순히 '없는사람'이 '있는사람'을 질투하고있는것이 아니다. 우리의 사회 체제는 불의라는 부담을 감수해야만 한다. 예전의 실업자들이나 사회주의자들의 행렬에서 흔히 볼 수 있던 "자선은 집어치워라. 우리는 정의를 원한다"는 구호는 그들 비평가들이 상황을 어떻게 바라보았는지를 생생하게 표현하고 있다. 만일 현재의 질서를 당연한 것이나 신성불가침한 것으로 여긴다면 다소간 더 유복한 사람들이 베푸는 자선은 미덕이고 권장할만한 것이라고 생각할 수 있다. 그러나 이 질서 자체가 의심스러운 것이거나 그보다 더 나쁜 것이라고 보는 사람에게는 남이 베푸는 자선은 곧 피의 대가이다. 어째서 어떤 이는 베푸는 위치에 서게 되고 다른 어떤 이는 자선이라는 친절을 받아야 하는 위치에 서야만 하는가?

 기독신앙이 없는 불신자들은 인간의 평등문제를 크게 문제시 하지 않고, 이러한 도전을 무시할 수도 있다. 눈에 보이는 증거들로만 판단한다면 어느 면으로 보나 인간은 평등하지 않다. 하지만 우리 모두가 똑같은 하나님의 자녀들이라면 우리는 모두 같은 신분을 상속받은 사람들이다. 이러한 사실에 비추어 보면 자질이나 능력 면의 가시적인 차이는 중요치 않다. 하나님과의 관계 안에서 모든 사람은 평등하다는 사실이 그 무엇보다도 심오하고 중요하다. 어째서 하나님의 자녀들 중에서 어떤 이는 자유롭게 선택한 직업을 통해서 자신의 역량을 충분히 발전시킬 기회를 부여받는 반면에, 또 어떤 이는 힘든 실존의 무게에 눌려 스스로 선택하지 못하고 유일한 기회로 주어진 노동의 노예가 되어 살아가야 하는가? 이와 같이 기독교인들은 정의의 이름으로 제기되는 도전을 외면할 수 없다. 그 도전을 거부하거나 아니면 받아들여서 그 상처를 치유하는 일에 몸 바쳐야만 한다. 경제와 사회질서에 대한 고발이 지닌 도덕적 요구 때문에 교회는 '개입' 해야 되며, 그렇게 하지 않는다면 자신에 대한 신뢰를 배신하게 되는 것이다.

4) 자연질서에 부합해야 할 의무

 자연의 질서에 부합해야 할 의무는 교회가 받은 임무이기 때문에 교회는 하나님의 목표를 수행한다. 교회가 '그리스도의 몸' 이라는 표현은 바로 그런 의미를 가지고 있다. 육체를 취하신 하나님이 지상에서 사명을 수행하셨던 것처럼 교회는 하나님의 뜻을 수행하는 도구 또는 유기체가 되어야 한다. 그리스도의 몸된 교회는 많은 역할을 수행해야 하며, 그중 하나는 고통을 당하는 일이다. 교회의 구성원들은 이 세계나 또는 다른 어떤 세계에서 얻을 수 있는 것들 때문에 교회에 속하지 않고 또 그래서도 안 된다. 교회 구성원들은 위대한 사업, 이 세계와 그 너머에서 하나님의 뜻을 성취하는 일에서 각자의 몫을 하기 위해 교회에 속해야만 한다.

  우리는 그 위대한 사업이 무엇인지 전체적으로는 알고 있다. 하나님은 하나님이 정한 법에 항상 따르는 태양, 별, 분자와 원자 등과 같은 수많은 사물들과 '자연과학'에서 연구해 낸 모든 것들을 창조하셨다. 그리고 하나님은 남자와 여자를 창조하셨다. 그들은 강제할 수 없고 자유로이 응답할 수 있는 마음과 의지를 지녔으며, 그럼으로써 하나님이 그들을 만드신 그 사랑에 응답하는 벗이 되었다. 하지만 인간은 그 자유를 자신들만을 위해 사용했다. 그래서 하나님 스스로 우리의 생명과 죽음 안으로 들어오셔서, 인간이 이해할 수 있는 형태의 창조행위, 즉 인간의 삶이라는 형태의 창조행위를 증진시키는 사랑을 보여주셨다. 그럼으로써 하나님은 이 호소에 응답하는 사람들을 불러모아 형제가 되게 하시고, 사랑의 보편적 형제 모임의 구성원들이 되고 동시에 그 모임을 건설하는 중요한 수단이 되게 하셨다(이것은 에베소인들에게 보낸 사도 바울의 편지를 다른 각도에서 의역해 본 것이다. 사도 바울은 이 편지에서 마치 창공을 선회하는 독수리처럼 자신의 주위를 계속 맴돌면서 여러 각도에서 설명하고 있다. 하지만 그 주제는 피조물 안에 담겨있고, 메시아 예수님에게서 드러났으며, 교회를 통해 성취된 하나님의 창조목적이라는 한 가지 주제이다).

이처럼 우리가 이러한 목적과 희망을 가지고 교회에 속해있는 것이라면 우리는 모든 인간 활동 분야에 관한 하나님의 목적이 무엇인지를 물어야 할 것인데, 그것은 인간활동이 본질적으로 올바르고 참된 것인가에 관한 질문이다. 그리고 하나님의 목적 안에서 다양한 활동들이 서로 맺고있는 관계가 그 활동들의 '자연질서Natural Order'가 될 것이다. 만일 그 활동들이 그 질서에서 벗어나 있다면 그것을 다시 그 질서 안으로 복귀시키는 것이 그리스도의 몸으로서 교회가 해야 할 한 가지 책무이다. 그 자체를 초월한 목적에 도달하기 위한 수단으로써의 참된 가치를 지닌 것, 그 자체를 찾고 있다면, 교회는 이러한 삶의 구조의 혼란을 꾸짖어야 하며, 가능하다면 그 구조를 회복할 수 있는 방법을 제시해야만 한다. 교회는 그 소명상 하나님의 목적을 위해 일하는 존재이기 때문에 '개입'할 수밖에 없으며, 인간의 어떤 관심사나 활동도 교회의 시야에서 벗어날 수 없다.

제 2 장
교회는 어떻게 사회에 개입해야 하는가?

　교회사에 대해 이야기할 때 사람들은 보통 신학적 논쟁이나 세계 공의회나 기타 공의회, 그리고 교의의 형성에 대한 일련의 기록을 생각한다. 하지만 교회사는 이런 것보다도 훨씬 범위가 넓은 것이다. 교회사는 그리스도의 성령이 인류의 삶에 끼친 영향력의 역사이다. 교회는 자신이 행하고 있는 대부분의 일에 대해 결코 칭찬을 받지 않는다. 그러나 그것은 별로 문제가 되지 않는다. 칭찬이란(멜번 경의 어록에 나오는 훌륭한 말처럼) " 한 신사가 다른 신사에 대해서 생각하는 것일 뿐" 이며 기독교 신자들은 칭찬받을 생각을 하지 말라는 경고를 받고 있기 때문이다.[24] 물론 어떤 사람들은 교회가 세상 안에서 실제로 하고 있는 일을 알았다면 교회에 왔을 것이고 그들은 복음을 듣게 되었을 것이다. 하지만 각 사람은 그리스도 안에서 자신에게 필요한 만족을 찾기 이전에 자신에게 진정으로 필요한 것이 무엇인지를 알아야 한다.

---

　24) " How can ye believe which receive glory one of another, and the glory that cometh from the only God ye seek not?" (St. John V.4).

필자가 교회 활동에 관한 분명한 생각이 중요하다는 것을 강조하는 이유는 교회에 대한 칭찬이나 교회의 영향력을 획득하자는 것이 아니라, 구체적인 실천 과정에서 불행한 결과를 초래할 수 있는 사고의 혼돈을 피하기 위한 것이다.

교회가 세상 속에서 하고 있는 사회 사업의 대부분은 의무를 완수하고 임무를 수행하고자 하는 신자들에 의해 이루어지고 있다. 이 의무와 임무 그 자체는 공식적인 교회에 속한 부분이 결코 아니다. 예를 들어 노예매매의 폐지와 노예제도 자체의 폐지는 기독교 신앙에 불타는 윌버포스[25]와 그의 동료들에 의해서, 그리고 동료 시민들이 믿고 있는 기독교 원리에 대한 호소의 방법을 통해서 이루어진 것이다.

세계 1, 2차 대전의 중간 시기에 있었던 형사제도의 광범위한 개혁은 일군一群의 사람들에 의해 영향을 받았다. 그들은 형사제도의 운영에 관심을 가지고 기독교 원리에 입각해서 어떻게 공동체가 범법자들을 다루어야 할지에 대해 깊이 생각했던 것이다. 이와 같은 특별한 성공 사례 이외에도 사람들은 다른 한편에서 삶과 모든 인간관계를 완화시키는 일을 확산시켜 나가고 있다. 그들은 기독교 교육과 기도와 명상, 친교 등에서 받은 그리스도의 정신을 가지고 그러한 일을 수행하고 있다. 어떤 개별 기업이나, 혹은 모든 기업이 모인다고 해도 이처럼 큰 영향력을 지닌 중요한 일을 할 수는 없을 것이다. 이렇게 볼 때 사회문제에 관한 교회의 임무가 선량한 기독교 남녀 신자들을 만드는 일이라는 말은 옳은 말이다. 물론 이 일이 교회가 할 수 있는 가장 중요한 공헌이다. 하지만(잠시

---

[25] Wilberforce, William(1759-1833). 영국의 정치가, 박애주의자, 저술가, 노예폐지론자.

후에 논의하겠지만) 교회는 그보다는 덜 중요하지만 그 자체로써 반드시 필요한 다른 책무들도 있는 것이다.

　일상적인 인간관계와 일반적인 직업 안에서 교회 구성원들을 통해 수행되는 교회의 사업뿐만 아니라, 교회 구성원들이 시민으로서의 능력을 발휘하여 국가의 정책과 운명에 영향을 미치게 될 정치적 결정을 통해 수행하게 될 교회의 활동에 대해서도 생각해 보아야 될 것이다. 정책 결정의 신중성이라는 관점에서 볼 때 하나의 단체로서 움직이는 교회가 특정한 정책에 참여해서는 안 된다는 것은 절대적으로 중요한 사실이다. 정치와 경제분야에서 정책이란 언제나 실제적인 인과관계에 관한 기술적인 결정에 달려 있다. 이 문제들에 관한 한, 기독교인들은 자기 이익이라는 유혹에 덜 물들어야 한다는 사실을 제외하고는 무신론자들보다 더 신뢰성 있는 판단력을 가지고 있지는 않다.

　지난 1차 대전 이후에 대부분의 영국 기독교 지도자들은 국제연맹의 원칙을 강력히 지지했다. 글로스터 주교는 늘 거기에 반대했으며, 지금은 국제연맹과 그 지지자들에게 2차 대전이 일어나게 만든 대부분의 책임이 있다고 주장하고 있다. 그는 그들이 존재하지도 않는 안전에 의존하도록 사람들을 미혹했다고 생각하기 때문이다. 글로스터 주교가 이러한 실제적인 역사의 과정에 대한 진지한 주장을 견지하기 때문에 다른 주교들보다 덜 충성스럽다거나 덜 열렬한 기독교인이라고 말한다면 매우 부적절한 일이 될 것이다. 한 집단으로서의 교회는 어떤 한 가지 견해에 치우쳐서는 안 된다. 구체적인 정책을 지지하지 않는 이러한 거부는 부분적으로 볼 때 신중함일 수도 있다. 그 정책이 잘못된 것으로 드러날 수도 있기 때문이다. 실제로 언제나 모든 정책들은 상황에 완전하게 맞아들어 가지 않는 것으로 드러났으며, 어떤 이념적 성향 때문에 정책이 만들어지기 때문에 정책의 실패에 말려들어서는 안 된다. 나아가서 그러한 거부는 정의의 문제이기도 하다. 대다수의 기독교 신자들이 하나의 구체적인 견해들을 가지고 있다고 해도 그에 동의하지 않는 소수의 사람들도 똑같이 그리스도에게 충성하는 사람들일 수 있고, 그러한 사람들도 교회의 동등한 구성원으로 대접받을 권리를 가지고 있기 때문이다. 이 책의 말미에 가서 필자는 내가 지닌 기독시민으로서의 능력 범위 안에서, 내 개인적인 견해로 볼 때 더욱 기독교적인 질서를 지닌 사회를 만들 수 있다고 생각되는 한정적인 활동목록을 제시하려고 한다. 하지만 만일 요크 주교회의의 어떤 주교가 경솔하게도 이러한 제안들을 교회의 정치적 실행 계획으로 결정하기 위해 의결에 붙이려 한다면 필자는 대주교로서의 내 권한으로 최대한 그 제안을 막을 것이며, 주교회의 의장으로서 토의안건에서 제외시킬 것이다. 교회는 결코 구체적인 행동을 위한 무모한 계획에 투신해서는 안 된다.

  하지만 이처럼 직접적인 정치행위를 거부한다고 해서 교회가 지닌 정치적인 책임이 소멸되는 것은 아니다. 교회는 그 구성원들이 기독교 정신을 가지고 시민권을 행사하도록 분명하게 촉구해야 한다. 1924년 버밍햄에서 열린 '기독교정치·경제시민권총회' 이후에, 런던 자치구의 기독교인 납세자들은 자치구청 앞에 모여서 자치구 내의 지극히 열악한 주거지역을 개선하기 위해 자신들의 세율을 높여야 한다고 요구했던 적이 있다. '경제 열풍' 이후에 재무성 장관이 몇 해만에 처음으로 처분 가능한 잉여액을 보유하고 있음이 분명해지자 소득세를 내는 많은 기독교인들은 의회 의원들에게 편지를 보내서 '절약하여' 비축된 재정은 소득세를 경감하기보

제 2장 교회는 어떻게 사회에 개입해야 하는가?

다는 실업자 구제를 위해 우선적으로 사용해야 한다고 촉구했다. 정치분야에서 대중적인 행동을 취할 수 있는 경우는 빈번하게 생긴다. 기독교인들은 이러한 기회를 잘 이용해야 하며, 전체 교회가 그러한 행동을 지원하고 있음을 느낄 수 있어야 한다. 완전히 그런것은 아니지만 대체로 보수당은 '가진 자'들을, 노동당은 '못가진 자'들을 대표한다. 이러한 현상은 건전하지 못하며 윤리적으로는 비기독교적이다.

기독교인들이 표를 던지기 이전에 자문해야 하는 유일한 문제는 '무엇이 내게 가장 유리할 것인가?'가 아니라 '국가를 위해서 무엇이 최선인가?'이며, 그런 질문을 할 때에도 '최선'과 '최악'의 기준은 바로 기독교의 기준이라는 사실을 유의해야 함을 끊임없이 주지시켜야 한다. 비극적이지만 자기 국가에 대한 순수한 이교도적 이상에 광적으로 빠져드는 것은 쉬운 일이기 때문이다. 바로 나치 운동이 우리에게 그런 교훈을 주었다.

이 주제를 깊이 생각하는 기독교인들 사이에 약간의 논쟁이 있을 수 있다. 다양한 삶의 길을 가고 있는 남녀 기독교인들이 자신들의 일을 통해서, 그리고 순수한 개인적 인간관계 안에서 그리스도의 정신을 보여주고 있다는 것은 인정된 사실이다. 그리고 충분히 주장되지는 않지만, 기독교인들은 적어도 자기 자신의 이익보다는 공익을 앞세우는 기독교 정신을 가지고 투표를 해야 되며, 자신이 속한 사회분야의 이익보다 더 크고 명백한 어려움을 가진 분야의 이익을 우선 고려해서 투표해야만 한다는 것도 주지의 사실이다. 그러면 그것으로 충분한가? 각 기독교 시민들은 무상의 노력을 기울여서 자신의 이익을 뒷전으로 하고 공동체의 선한 이익을 창출하기 위해 일하도록 방치되어 있는 것인가? 절대적인 국가 이기주의의 표현으로써 완전한 개인적 헌신을 요구하는 나치의 결함을 보면서도 우리는 과연 정치적 영역에서 가치관의 기준을 만들어 내는 일이 교회의 일이 아니라고 계속 주장할 수 있겠는가?

　기독인으로서 내 나라를 위해 최선이 되는 일을 하려고 한다. 이것은 매우 좋은 일이다. 간단하게 어떤 작은 나라를 수탈하거나 외교적인 속임수를 성공시킴으로써 부와 국력을 키우는 방법이 있다고 가정해 보자. 이러한 수단들을 통해서 부와 국력을 키우는 것이 과연 내 나라를 위해서 '좋은 일'일까? 한 나라가 온 세상을 얻고서 그 정신을 잃는 것이 과연 '좋은 일'일까? 그렇지 않다면 왜 그렇지 않은 것일까? 참으로 '좋은 것'을 나타내는 어떤 질서 잡힌 원칙 체계가 존재한다면, 동기가 아무리 애국적이고 결과가 아무리 성공적이라고 해도 그러한 행동들은 그 체계를 침해하는 것이 아닐까? 필자가 주장하듯이 바로 이런 점에서 교회는 잃어버린 자신의 터를 되찾아야 하는 것이다. 과거 교회는 이러한 문제들에 매우 적극적으로 관심을 가졌었다. 교회는 당대의 문제들을 위한 매우 완벽한 원칙 체계를 발전시켰으며, 공공생활의 질서를 책임진 사람들은 그 체계의 인도를 받았던 것이다. 다음 장에서 살펴보겠지만, 여러 가지 다양한 이유로 인해서 인간 활동의 이 영역 전체가 교회에 의해 공백 상태가 되어 버렸다. 하지만 교회가 이 잃어버린 영역을 회복하지 못하는 한, 개인들에게 지워진 피할 수 없는 책무들은 수행하기가 어렵다.

　우리는 이러한 과정에서 교회가 정책이 아닌 원칙들과 관계를 가지고 있다는 논거에서 출발한다는 사실에 대해 비난을 받게 될 것이다. 정책 형성 과정을 위해서는, 특수한 연구를 통해서만 얻을 수 있는 현재의 요소들에 대한 지식과 경향 분석 능력이 필수적이

제 2장 교회는 어떻게 사회에 개입해야 하는가?   51

다. 하지만 원칙들에 대한 선언만으로도 지난 3세기 동안 순전히 세속적인 세력들만이 맡아온 영역 안으로 돌아갈 수 있을 것이다. 신중하게 어떤 선을 넘지 않는다고 해도 이러한 회귀는 실제 정치 영역을 침범하는 것으로 보일 수밖에 없다. 그리고 그 경계선은 매우 불분명하다. 교회의 이런 활동적 역사를 검토하거나 활동 부족 主로의 역사를 검토하고, 그와 관계된 어느 정도의 원칙들을 수립한다면 더욱 분명하게 그 경계선을 그릴 수 있을 것이다. 하지만 이런 활동의 목적은 매우 분명하다. 투표와 같은 시민활동에 있어서 기독교 신자는 '최선'이라는 단어를 기독교적으로 해석하여 자기 나라에 최선책이 되는 것을 촉진시키는 방향을 선택해야만 한다. 기독교적인 사회 원칙들을 수립하는 목적은 기독교적인 해석이나 적어도 거기에 도달할 수 있는 수단을 제공하는 것이다. 따라서 나는 "교회는 어떻게 사회에 개입해야 하는가?" 하는 물음에 다음과 같이 답한다. 첫째, 교회 구성원들은 기독교 정신을 가지고 도덕적 의무와 역할을 수행해야 한다. 둘째, 교회 구성원들은 기독교 정신을 가지고 순수한 시민의 권리를 행사해야 한다. 셋째, 교회는 그 구성원들에게 도덕적 원칙에 대한 체계적인 표명을 함으로써 앞의 두 가지 사항을 수행하는데 도움을 주어야 하며, 표명에는 현대 생활의 관습이나 제도, 그리고 이 원칙에 위배되는 행위들에 대한 고발이 수반되어야 한다.

교회가 구체적인 현안, 예를 들면 실제로 발생한 국가 간의 무역 분쟁 같은 문제에 개입해야 하는가, 하지 말아야 하는가? 하는 문제는 여전히 남아 있다. 구체적인 현안 문제에 관해서 거의 확실하게 대답할 수 있는 것은, 공식적인 교회로서는 개입하지 말아야 한다는 것이다. 교회는 제공할만한 많은 증거를 가지고 있다. 그리고 이 증거에 주의를 기울인다면 그러한 분쟁은 일어나지 않을 것이다. 그러나 기독교가 실제적인 문제에 해답을 제시하는 것은 극히 드문 일이다. 교회가 할 수 있는 일은 분쟁의 이해 당사자들을 사고와 감성의 차원으로 끌어 올려줌으로써 문제가 소멸되게 하는 것이다. 남·동유럽의 여러 지역들은 서로 다른 인종과 문화의 차이로 각자의 주장을 관철하려 하기 때문에 정의를 구현할 희망을 가지기 어렵다. 이러한 조건이 계속되는 한, 문제가 발생해도 해결할 수가 없다. 반면에 모든 사람들이 이웃을 자기처럼 사랑한다면 문제가 생기지 않을 것이다. 문제를 해결하는 것이 아니라 문제 자체를 없애는 것이다. 그래서 예수님은 유산에 관한 분쟁을 해결해 달라는 요청을 거절하셨던 것이다. 두 형제 중에 한 형제는 분한 마음을 가지고 있었다. 그는 자신에게 돌아올 몫을 빼앗겼다고 생각했다. 그래서 예수님에게 이렇게 요청했다. "선생님, 제 형더러 저에게 아버지의 유산을 나누어 주라고 일러 주십시오." 하지만 예수님은 그 분쟁의 해결을 거부하셨다. "누가 나를 너희의 재판관이나 재산 분배자로 세웠단 말이냐?" 그리고 대신에 해결해야 할 문제 자체를 만들지 않는 법을 말씀하셨다. "어떤 탐욕에도 빠져들지 않도록 조심하여라"(누가복음 12:15) 두 형제에게 탐욕이 없었다면 분쟁도 물론 없었을 것이기 때문이다.

 교회와 기독인들이 서로 불만을 품은 양편의 중간에 서서 어떤 판단을 내릴 수는 없을지라도 선의를 증진시키는 사람들로서 양측을 화해시킬 수는 있을 것이다. 이처럼 웨스트코트 주교는 덜함 주州의 석탄 파업에 나서서 양측이 합의에 도달할 때까지 서로의 주장 중에서 정당한 부분을 인정하도록 설득하여 문제를 진정시킬 수 있었던 것이다. 이 경우, 주교의 행위가 적절했다는 사실에 이의를 제기할 사람은 없다. 이러한 원칙에 대한 한 가지 예를 더 들어보겠다. 1926년 필자를 포함한 일단의 주교들이 행동을 취한 일이 있었다. 이 책 첫머리 부분에 인용한 볼드윈 경의 견해 표명은 바로 이 행동 때문에 나온 것이었다. 당시 총파업을 야기시킨 석탄 파업이 여러 달 계속되었다. 주교들은 양측을 화해시키는 일에 나서기로 결정했다. 주교들은 스스로 제안할 만한 어떤 내용을 가지고 있지는 않았다. 그것은 그들의 영역을 침범하는 일이었다. 그때 청문회가 있었는데 그들은 이 청문회의 권고사항을 받아들이지 않았다. 우리는 탄광 소유자 대표와 광부 대표들이 권고사항을 받아들여서 합의에 도달할 수 있도록 양측의 의견차이가 얼마나 나는지를 알아보기로 했다. 양측은 기꺼이 우리들을 만나 주었다. 그날 광부들은 청문회의 권고사항을 협상의 기초로써 받아들일 준비가 되어 있었고, 탄광주들은 그렇지 못했다. 하지만 처음에 탄광주들은 만일 광부들이 받아들인다면 자신들도 받아들이겠다는 의사를 밝히기 때문에, 우리는 이러한 사실을 수상에게 알리는 것이 좋겠다고 생각했다. 그러나 우리의 노력은 허사로 돌아갔다 (웨스트코트 주교가 그랬던 것처럼). 오직 성공만이 개입을 정당화 해주는 것인지에 대해서는 논란의 여지가 있다. 필자의 생각은 이렇다. 교회나 교회에 속한 사람들이 분쟁의 해결을 위한 조건들을 제안하는 것은 옳지 못하다. 그들은 필요한 전문지식을 가지고 있지 않기 때문이다. 하지만 그들이 화해의 정신과 방법을 촉구하는 것은 전적으로 옳은 일이다. 그리고 나아가서 능력을 갖춘 사람들, 소명을 가진 사람들이 청문회 위원같은 신분이 되어 노동자들이 자신들이 내놓은 요구와 제안이 해결의 실마리가 되는지를 판단할 수 있는 전문가들의 충고를 받아들이도록 촉구하는 것은 하나의 좋은 방법이다. 교회의 이런 활동이 때로는 정당한 것이기는 하지만, 교회의 주된 임무는 기독교 원리와 기독교 정신의 힘을 가르치는 것임을 잊지 말아야 한다.

제 3 장
교회는 역사적으로 사회 개입의 권리를
주장한 적이 있는가?

　흔히 사람들은 앞 장에서 설명된 주장이 고상한 내용이긴 하지만 교회가 그런 행동을 하는 것은 전통과 자신의 영역을 벗어나는 일이라고 말한다. 18세기에 교회가 철저하게 신학과 신앙영역 안에만 머물렀던 것은 사실이다. 언제나 신학과 신앙은 근본적인 것이다. 교회가 나아갈 방향을 분명히 하지 않는다면 삶의 질서를 바로잡는 일과 관련해 설 자리가 없을 것이며, 교회는 단순히 자기들 안에서 사교를 즐기며 중시하는 사람들의 모임에 불과할 것이다.
　교회가 지닌 특별한 성격은 교의, 즉 하나님의 진리를 교회가 선포할 임무를 맡고 있다는 믿음에서 나온다. 이 교의는 신학을 통해서 형성된다. 따라서 교의와 신학은 반드시 교회 삶의 토대가 되어야만 한다. 나아가서 개인들이 이러한 토대에 응답하지 않는 한, 어떠한 효과도 기대할 수 없다. 이 응답이 바로 신학과 신앙이다. 따라서 18세기에는 말하자면 중심에 있는 성채로 물러났던 것이다. 사람들은 16세기의 논쟁에 지치고, 17세기의 여러 종교전쟁에 기진맥진하여(영국이 겪었던 1642~1651년간의 내전도 그 중 하나이다) 가장 중심이 되는 기본적인 자신들의 종교생활로 물러났던 것이다.

  인간의 정신은 치유가 필요했다. 그리고 참신성을 되찾게 되자 인간의 정신은 핵심적인 신앙의 정신 아래, 감리교 운동과 옥스퍼드 운동의 부활과 기독교 사회운동을 통해서 다시금 앞으로 나아가기 시작했다. 역사에 무지한 사람들은 언제나 이러한 회복 운동들을 궤도를 벗어난 개혁으로 생각했다. 종교가 개인의 가장 개방된 행동과 아울러 가장 내적인 측면들을 통제하는 것은 당연하고 적절한 일이라고 우리는 생각한다. 우리는 이미 사적인 삶을 통제하겠다는 종교의 주장에 대해 멜번 경이 어떻게 생각하는지를 살펴보았다. 많은 사람들은 종교가 공적인 생활에 개입하겠다는 결정에 대해서 비슷한 생각들을 갖고 있다. 하지만 이 역시 새로운 일은 아니다. 초창기부터 기독교인들은 사회행동과 개인행동에 큰 영향력을 미쳐 왔으며, 기독교 전통의 주류는 많은 사회적 가르침을 담고 있다.

  초대 교회는 자발적으로 재산을 공동 소유하는 공동체를 통해서 긴밀한 내적 형제애를 드러냈다. 이 공동체는 그리스도의 정신으로 충만한 사람들로 모인 작은 형제들의 모임이었으며, 사랑으로 가득 찬 공동체였다. 이 모임은 자발적인 공산주의의 모습을 지녔고 이러한 자발적인 모임은 공동체의 전체적인 특성과 장점이었다. 제자들은 물건을 소유했지만 그것을 자기 것이라고 주장하지는 않았다. 이러한 공동체는 오래 지속되지 못했다. 설사 교회의 순수성이 유지되었다고 하더라도 교회의 확장으로 인해 복잡한 문제들이 발생했을 것이다. 그러나 원시 공동체는 규범과 기준을 제시했다. 이것은 일반적인 공산주의와는 전혀 다른 것이다. 공산주의는 정반대의 위치에 있는 것이다. 현대 공산주의는 개인의 소유 제도를 법적으로 폐지해 버렸다. 이 제도 아래에서는 아무도 남에게 베풀 수 있는 재산을 가질 수가 없다.

베드로가 아나니아[26]에게 했던 말은 원시 교회가 법적인 소유권을 인정했으며, 소유권을 포기하도록 강요하지 않았다는 것을 보여 준다. 아나니아와 그의 아내 삽비라는 어느 정도까지는 전체적인 흐름을 따랐다. 그들은 땅을 팔았으나 그 중 일부를 공동기금으로 내놓았고 나머지는 자기들 몫으로 남겨 두었다. 하지만 모든 것을 내놓은 것처럼 속였으며, 그들의 죄는 자기들 몫을 남겼다는 것이 아니라 전체를 내놓은 것처럼 속였다는 것이다. " 왜 사탄에게 마음을 빼앗겨 성령을 속이고 땅 판 돈의 일부를 빼돌렸소? 팔기 전에도 그 땅은 당신 것이었고 판 뒤에도 그 돈은 당신 마음대로 할 수 있었던 것이 아니오?" 이 점은 매우 중요하다. 심리적, 도덕적으로 볼 때 이 세상에서 자발적인 가난과 강제된 가난, 그리고 자유롭게 재산을 나누는 것과 사유재산을 폐지하는 것 사이에는 큰 차이가 있다. 심리학적으로 볼 때 모험 정신은 안전이라는 토대 위에서만 자라날 수 있으며, 도덕적으로 볼 때 희생은 소유가 허락된 곳에서만 가능하다. 재산의 포기는 개인의 자유에 의한 강렬한 행동이다. 재산을 소유하지 않거나, 강제로 박탈 당하는 것은 심각한 사적 자유의 침해라고 볼 수 있다. 하지만 지금 우리가 관심을 가지는 것은 기독교 신앙이 그 출발에서부터 사회적이고 경제적인 표현을 시도했다는 점이다. 물론 이런 형태의 원칙들을 국가의 지도 원칙으로 삼아야 한다고 주장하려는 것은 아니다. 초대

---

26) 사도행전 4:32, 5:1-11 ; 특히 1절과 8절을 볼 것.

교회는 로마 제국은 말할 것도 없이 유대 나라에도 영향을 미칠 수 없는 소수의 집단이었다. 하지만 교회는 성장해 가면서 자신의 사회철학을 발전시켰다. 이 철학은 토지법의 일부로써 중요한 의미를 지닌 희년에 관한 법이나 고리대금의 금지법(레위기 25장, 신명기 23장)과 같은 모세 율법의 영향을 받을 수밖에 없었다. 그들은 여전히 인정받지 못하고 박해받는 소수에 불과했지만 교회가 성장하면서 구성원들을 분명하게 지도할 원칙의 확립이 필요하였다. 그리고 나중에 교회가 인정을 받고 공공생활에 영향을 미치는 위치가 되었을 때 그 원칙들은 국가를 이끄는 원칙이 되었다.

1. 성서의 기본원칙

성서의 기본 원칙에 따르면 땅은-토지는-하나님께 속한 것이다. 인간은 그것을 향유하고 이용한다. 그리고 토지의 이용에는 규칙을 정하여 각 가정들이 안정되고 배타적인 권리를 갖게 한다. 동시에 이런 권리 보장과 아울러 공동체의 모든 구성원들이 자신의 지분을 누리는 권리도 보장해야 한다. 프롤레타리아가 있어서는 안 되었다. 따라서 소유권이 존재했지만, 그 권리는 모든 사람들이 누리는 권리이고, 하나님만이 땅의 궁극적인 주인이시며 땅을 나누어 받은 모든 가정들은 그분의 청지기라는 기본적인 개념에 기반한 권리이다. 희년에 관한 법은 매 50년마다 모든 가족들이 잃었던 자기 소유의 땅을 되찾아 돌아가도록 정하고 있다. 따라서 하나님의 소유권이라는 기본 원칙에 따라 한 사람이 대규모로 토지를 축적하는 것은 불가능한 일이었다. 열왕기 시대의 예언자들은 이러한 토지 축적을 꾸짖는다. 예를 들면, 선지자 이사야와 미가는 이렇게 주장한다.

" 아 너희가 비참하게 되리라 집을 연달아 차지하고 땅을 차례로 사들이는 자들아 빈터 하나 남기지 않고 온 세상을 혼자 살듯이 차지하는 자들아" (이사야 5:8)

" 망할 것들 권력이나 쥐었다고 자리에 들면 못된 일만 꾸몄다가 아침 밝기가 무섭게 해치우고 마는 이 악당들아, 탐나는 밭이 있으면 빼앗고 탐나는 집을 만나면 제 것으로 만들어 그 집과 함께 임자도 종으로 삼고 밭과 함께 임자도 부려 먹는구나" (미가서 2:1-2)

이러한 죄악에는 경제적인 요소가 관계될 수도 있지만 반드시 경제적인 것만은 아니다. 이 죄악은 테르툴리아누스(160-230년 경)가 말하는 ' 소유권의 형제애' 를 거부하는 죄악이다. 그가 보기에 이 형제애는 마음과 정신의 일치에서 나오는 자연스러운 결과이다. 물론 모세 율법은 자신의 토지에 의존하고 있는 공동체를 위해 만들어진 것이다. 하지만 우리는 그렇지 않다. 오늘날 정치적으로는 그렇지 못하지만 경제적으로는 세계 공동체가 형성되어 있다. 하지만 어쨌든 기독교 신자들이 구약 성경으로 돌아가는 것은 원칙을 찾기 위한 것이지 실천 규범을 찾기 위한 것이 아니다. 콘스탄티누스 황제의 개종(312년)으로 완전한 의미의 임무들이 부과되기 이전에 교회가 도달했던 위치에 대해 가장 분명하게 언급한 것은 락탄시우스였다. 그의 기본적인 개념들은 하나님이 베푸시는 풍요로움의 평등한 향유와 (그 결과로써) 필요 이상을 가진 사람들이 가진 것을 나누어야 한다는 필요성에 입각한 정의이다. 나아가 그는 국가 안의 기독교 소수 공동체에 대해 기록하는데, 이 공동체는 보편적인 선의를 지닌 마음과 정신의 일치를 전제로 하고 있다.

　소유권 제도는 죄의 뿌리라고 볼 수 있다. 왜냐하면 모든 사람들이 온 마음을 다해서 하나님을 사랑하고 이웃을 내 몸같이 사랑한다면 공동선을 위해서 기쁜 마음으로 일할 것이고 정당한 자기 몫 이상을 가지려 하지 않기 때문이다. 하지만 인간은 죄에 물들었으며, 따라서 가난한 이들을 보호하기 위해서라기 보다는 부자들을 만족시키기 위해서 소유권 제도가 필요했다.

　기독교 신자들이 인정을 받았을 뿐 아니라 황제도 그들의 일원이 된 다음 시기로 접어들면서 중요한 변화가 일어난다. 그들에게 새로운 의무가 생기는 것이다. 그들 사이의 형제애가 크게 희박해지고, 그 형제애에서 비롯되었던 것들이 사라진 것이다. 그들은 국가에 영향을 줄 수 있는 힘을 가지게 되었으며 동시에 의무도 지게 되었다. 성 암브로시우스(340-397년)는 국가의 고위 관리이면서 동시에 주교였다. 그는 소유권에 대해서 이렇게 기록한다. " 자연은 모든 사람들의 공동 사용을 위해서 사물을 만들어 냈으며, 재산에 대한 공동의 권리를 부여하고 사적 권리를 제한했다. 또한 하나님은 모든 사람들이 공동으로 땅위에서 열매를 맺기를 원하셨다. 하지만 탐욕으로 인해 소유권이 생겨났다."[27] 그러나 이러한 사실이 공산주의의 토대가 된 것은 아니다. 사실 이는 만일 사람들이 도덕적으로 완전하다면, 다시 말해서 모두가 정의와 사랑을 따른다면 사유재산이 존재하지 않을 것이라는 의미였다. 하지만 인간

---

27) A. J. Carlyle in Property : its Rights and Duties, edited by Bishop Gore (Macmillan, 1917).

은 그렇지 못하며, 교회의 가르침이 판단하듯이 이러한 세상 안에서 사유재산은 정당한 제도이다. 사유재산이 하나님의 뜻을 직접적으로 표현하는 존엄성을 지니고 있다고 주장할 수는 없다. 하지만 인간들이 하나님의 뜻을 성취하기에 실패했다는 사실에서 기인하는 이러한 여건 속에서는 하나님의 뜻을 표현하는 한 가지 방법이라고 볼 수는 있다. 따라서 소유권에는 처음부터 여러 제한이 존재한다. 예를 들어, 성 암브로시우스가 기부행위를 자선이 아닌 정의로운 행동이라고 본다는 사실은 교훈적이고도 중요한 의미를 지니고 있다.

성 아우구스티누스는 사유재산이 국가의 발명품이며 국가의 보호를 위해서만 존립한다고 가르쳤다. 하지만 그에 따르면, 국가는 그 기원이 인간의 죄악성이며, 이 인간의 죄악성은 항상 일정한 한계 안에 묶어 두어야만 한다. 그러므로 국가는 신성한 권리를 가지지만 오직 인간의 죄악 때문에 설립된 것이다. 이러한 성 아우구스티누스의 입장은 성 암브로시우스와 같지만 사회철학에 좀 더 깊은 뿌리를 두고 있다. 12세기에 교회법 편찬에 큰 공헌을 한 그라티아누스 황제도 같은 입장을 취하고 있다. 사유재산은 죄악에 물든 인간의 현 상황 속에서 합법성을 지닌다.

위에서 언급한 저술가들의 글 속에 스토아 학파의 가르침이 담겨 있음을 알 수 있다. 가장 완벽한 중세의 견해 표명인 성 토마스 아퀴나스의 글은 아리스토텔레스에 의해서 그러한 영향을 더욱 강하게 받았다. 따라서 아퀴나스는 국가의 토대를 인간의 본질적인 사회적 본성이라고 본다. 이러한 관점에 따라서 그는 관리하고 분배하는 권리로서의 소유와 배타적인 사용권으로서의 소유를 구분하는데, 전자를 합법적인 것으로 보는 반면에 후자는 비합법적이라고 생각한다.[28] 아퀴나스가 '관리하고 분배하는 권리로서의 소유'를 옹호하는 것은 상당히 현대적인 생각이라고 할 수 있다. 그는 이런 종류의 소유권은 세 가지 이유로 인간 생활에 필요하다고 주장했다. 첫째, 사람은 많은 사람 또는 모든 사람에게 속한 것보다는 자기 자신에게만 속한 것을 더욱 세심하게 관리하기 때문이다. 하인들이 여럿 있을때, 흔히 그렇듯이 각 사람은 수고로운 일을 피하며, 공동의 일은 남에게 떠넘기는 경향이 있다. 둘째, 일은 각 개인에게 특별하게 부과하여 책임지게 할 때, 더욱 질서정연하게 진행이 되는 법이고, 반면에 모든 사람들이 두서없이 모든 일들을 돌보아야 한다면 혼돈이 일어나기 때문이다. 셋째, 각 사람이 자신의 것에 만족하게 되면 더욱 평화로운 상태를 보장할 수 있기 때문이다. 따라서 무엇인가를 내 것, 네 것 구분없이 공동으로 소유한 사람들은 더욱 자주 싸움을 하게 마련이라는 사실에 유의해야 한다.

  아퀴나스는 사물을 사용하거나 향유하는 문제에 관해서 외적인 사물를 사적인 것이 아닌 공동의 것으로 소유해야 하며, 따라서 그것을 필요한 사람들에게 기꺼이 나누어 줄 준비가 되어 있어야 한다고 말한다. 락탄시우스, 암브로시우스와 마찬가지로 이 점은 아퀴나스에게 너무도 명백한 것이었으므로 정말로 필요한 것을 얻기 위해서 '도둑질'을 했다면 그것은 죄가 아니라고까지 분명히 말한다. 물론 그 필요는 정말로 위급한 경우이어야 하며, 그것을 구할 수 있는 다른 길이 없어야만 한다. 그런 경우에 공개적으로 또는 비밀리에 다른 사람의 소유를 취함으로써 자신의 곤경을 벗어나는

---

28) Summa Theologiae 2-2. Q. 66. A2.

것은 합법적이기 때문에 그것은 도둑질도 강도질도 아니다.[29]

 이와 같이 초기 시대와 중세 사고의 전성기에 기독교 신앙이 경제적인 문제에 관하여 분명한 입장을 표명했다는 사실은 우리에게 기독교의 전통을 알게 해준다. 나아가 이 전통 안에서 소유권은 완전히 합법적인 것이기는 하지만 언제나 인간의 죄의 문제와 결부되어 있었으며, 전체적인 이익에 종속된 것이고, 재산은 궁극적인 소유권의 대상이 아니라 일종의 관리권에 속한다는 사실 또한 분명하다.

 교회의 사회적 가르침 전체는 군건한 성서적 토대 위에 서 있다. 종교 개혁가들은 교회의 권위에서 성서의 권위로 되돌아 가려는 열망 때문에 이러한 전통의 큰 부분을 거부했다. 하지만 이 점에 관해서 실제로 그들이 취한 입장은 중세 교회보다도 덜 성서적이었다. 그들은 소유권의 정당성을 제8계명에서 찾았다. 하나님이 도둑질을 금하신 것은 소유권을 인정하셨다는 사실이 전제된다는 것이다. 물론 그렇다. 하지만, 이 분야에서 십계명을 배타적으로 강조했듯이, 종교의 가르침을 청교도적으로 단순화 함으로써 성서의 가르침 전체에서 나오는 전통을 파괴하고 말았다. 이 전체적인 가르침은 분명히 사적 소유권의 실재와 정당성을 담고 있었고, 그 가르침에는 실제적인 소유권을 절대화 하지 않고 상대화 하는 규정들이 또한 포함되어 있었음을 상기해야 할 것이다.

 하지만 종교 개혁가들은 소유에 담긴 책임을 면제시켜 주지는 않았으며, 에임즈처럼 대단히 영향력 있는 청교도 저술가까지도 " 극단적인 필요성이 있는 경우에 모든 것들은 공동 소유가 된다" 는 견해를 고수했다. 반면에 박스터는 어떤 도덕적인 요소가 도둑질을

---

29) Summa Theologiae 2-2. Q 66. A.7.

성립시키는가에 대해서는 따질 필요도 없이 도둑질의 금지는 절대적인 것이라는 견해를 따르고 있다.

대륙의 종교 개혁가와 영국의 청교도들은 새로운 상황에 처해 있었다. 당시에는 개인의 의무에 대한 새롭고 깊은 의식이 성장하던 때였으며, 그들은 이러한 의식을 영적으로 건강한 의식이라고 여겨 스스로 그 예언자들이 되었던 것이다. 그들은 이러한 의식을 성장시키는 것은 무엇이든 환영했으며, 그 중에서도 특히 재산을 획득하고 처분할 수 있는 자유로운 권리를 환영했다. 그들은 재산의 처분에 관한 엄격한 규범을 가르쳤으며, 지속적으로 장부를 기록하는 일을 처음으로 종교적 의무로 삼았다. 비교적 보수적인 종교 개혁가들은 극단적인 개혁 종파들과 비교되는 자신들의 입장을 분명히 밝혀야만 했다. 따라서 '신앙 39개조' 중에서 38번째 조항은 "기독교 신자들의 부와 재산은, 일부 재세례파 신자들이 자랑하는 것처럼 권리나 명의나 소유 면에서 공동의 것이 아니다." 종교 개혁가들은 중세 신학자들의 생각에 동의하고 있는 그런 부분에서도 대부분의 개혁가들이 그랬듯이, 사유재산에 대한 공동적인 제한에서 재산에 대한 배타적인 권리와 그에 대한 도덕적 의무 쪽으로 그 강조점을 옮겨갔다. 그들은 수익성이 있는 산업을 일종의 의무라고 설명했다. 그리고 재산의 신중한 처분과 검소하게 살면서 장래를 준비하는 일, 그리고 가난한 이들에 대한 자선 역시 의무라고 생각했다. 웨슬리의 세 가지 권고는 이러한 전통을 충실히 따르고 있다. "힘껏 벌고, 힘껏 저축하고, 힘껏 남에게 주십시오." 그는 둘째와 셋째 항목을 철저하게 지켰다. 그는 더 많은 소득이 더 많은 소비를 정당화 한다는 생각을 비판했다. "아마 당신은 이제 더 많은 지출을 감당할 수 있다고 말할 것이다. 이것은 정말 말이 안 되는 소리다. 당신의 재산에 잉여분을 준 것이 누구인가? 더 정확히 말해서 그것을 당신에게 빌려준 것이 누구인가? 나아가 더 정확히 말하자면 관리인인 당신에게 그것을 잠시 맡겨둔 것이 누구인가? 하나님의 것을 약탈하는 이러한 소비는 바로 지옥의 걸림돌이다." [30]

18세기 감리교 설립자의 이러한 선언은 우리를 14세기로 되돌려 놓는다. 당시 어떤 학자는 이렇게 말했다. " 어떤 사람이 자신의 필요를 충족시킬 만큼 충분히 가지고도 부를 얻기 위해 쉬지 않고 일할 때, 그 동기가 높은 사회적 지위를 얻기 위한 것이든, 그 결과로써 일하지 않고도 살 수 있을 만큼 충분히 가지기 위한 것이든, 아니면 자식들을 부유하고 중요한 사람들로 만들기 위한 것이든, 그 모든 동기들은 저주 받을 탐욕과 육욕과 교만에 물들어 있다." [31] 하지만 어떤 학자도 " 힘껏 벌라" 고 말할 수는 없었다. 그리고 이러한 권고는 신약 성경과 꼭 맞아 떨어지지도 않는다. 성경은 부를 실제적인 악으로 보지 않고 유혹으로 볼 뿐이다. 그럼에도 불구하고 학자와 종교 개혁가들이 실제적으로 요구했던 행동은 크게 다르지 않다. 하지만 종교 개혁가들은 전체 구조에 영향을 미칠 수 있는 기본적인 변화를 꾀했다. 중세의 신학적인 경제학의 중요한 두 기둥은 ' 정당한 가격' 과 ' 고리대금 금지' 였다. 지금 우리의 관심은 ' 정당한 가격' 에 관한 복잡한 사항들이 아니다. 우리 논의에 중요한 의미를 가지는 것은 이 원칙이 완전한 신학의 한 부분으로 천명되었다는 사실이다. 세기가 흐르면서 이 원칙의 해석과 적용은 변화를 겪었으며, 그것은 한편으로는 여건의 변화 때문이고, 또 다

---

30) Sermon 126. Quoted by H.G. Wood in Property : *its Rights and Duties*, p.159.
31) Henry of Langenstein, quotes by Tawney in *Religion and the Rise of Capitalism*, p.35.

른 한편으로는 사람들이 경제 과정에 대해서 더 완전한 생각들을 가지게 되었기 때문이다. 이 원칙 자체는 분명하다. 한 물건에 대해 매기는 가격은 재료비, 노동, 합리적인 이윤을 토대로 산출한 도덕적인 고정 가격이어야 한다. 판매자에게는 구매자가 지불할 수 있는 최상의 가격을 무조건 요구할 권리가 없다. 무엇보다도 판매자는 구매자가 절박하게 필요로 한다고 해서 값을 더 많이 요구해서는 절대로 안 된다.

이 원칙을 더욱 완전한 형태로 천명한 사람은 15세기 피사의 성 안토니노였다. 그는 실제적인 시장의 압력을 인정했으며 이 원칙의 융통성 있는 적용을 받아들였다. 하지만 원칙 자체는 확고 불변한 것이었다. 합리적이고 정당한 가격이 있으며, 아무리 구매자들이 지불할 의사가 있다고 하더라도 그 이상을 받는 것은 탐욕이다. 초기 칼빈주의자들까지도 이 원칙을 고수했음을 알 수 있지만, 고리대금 금지의 완화는 전체 체계의 붕괴를 초래하고 말았다. 그 시점에서 원칙의 급격한 선회가 일어났던 것으로 보인다. 이제 우리는 이 중요하지만 간단치 않은 주제로 들어간다.

모세의 율법은 고리대금을 금했다. 첫째, 그 원시 공동체가 주로 생각했던 것은 곤경에 처한 사람들에 대한 착취였다. 되돌려 받는 조건으로 영업 자금을 빌려주는 것은 문제가 되지 않는다.[32] 둘째, 고리대금에 관한 모세 율법의 금지는 형제 이스라엘 사람들에게 돈을 빌려주는 경우에만 해당된다. 이스라엘 안에서 이 율법은 절대적이었지만 이스라엘 사람과 이교도 사이에서는 고리대금이 허용된다.[33] (그런데, 이러한 생각은 기독교 신자들에 대한 고리대금

---

32) A.J. Carlyle in Property : *its Rights and Duty*, p.100
33) 출애굽기 22:25, 레위기 25:35-37, 신명기 23:19-20

금지와 유대인에 대한 여러 가지 직종의 취업 금지와 맞물려서 유대인들이 유럽의 대금업자가 되는 이유가 되었다.)

2. 현대 교회와 새로운 문제의 시작

현대 교회는 이러한 금지에 관한 여러 가지 어려움에서 헤어나지 못하고 있다. 이 문제에 관해서 분명한 것은 탐욕이 죄악이라는 사실이다. 13세기 이전의 모든 시대에는 "원금이 안전한가?"라는 간단한 문제만을 검토했고, 만일 안전하다면 이자는 물릴 수가 없었다. 한 기업 안에서 동업자로서 이익을 함께 나누는 것은 정당한 일이었다. 위험을 분담하는 상황에서 이익을 함께 나누는 것은 정당한 일이었던 것이다. 하지만 투자한 돈을 잃을 위험도 없는데 단순히 그 돈을 빌려주는 것만으로 이자를 받아서 증식을 시킨다는 것은 정당한 일이 아니었다. 사채제도는 그 무엇보다도 중세 초기의 가르침에 위배되는 행위이다. 이 제도는 어떤 영구적인 원칙이 아니라 단순히 시대의 여건을 반영할 뿐이다. 시간이 흐름에 따라서 가치 이론은 변화했다.

피사의 성 안토니노는 아퀴나스와 이자를 인정했던 칼빈의 중간쯤에 자리잡고 있다. 농부였던 루터는 정치와 사회 윤리면에서 보수적이었다. 그는 어느 학자보다도 고리대금을 소리 높여 비판했다. 칼빈은 도시인으로서 경제적인 덕목들을 잘 알고 있었다. 그는 부자가 되는 것이 곧 사악함의 증거라고 생각하지는 않았다. 그는 부의 축적이 아니라, 탐익과 허식을 위해 부를 사용하는 것만을 비난했다. 그는 고리대금을 묵과하면서도 모든 실제적인 곤경을 악용하는 일이 없도록 신중하게 보호책을 마련했다. 어떤 사람은 그에 대해 말하기를 "칼빈은 약사가 독약을 다루듯이 고리대금을 다룬다"고 했다. 하지만 그가 이에 관해 다룰 준비가 되어 있었던 것은 극히 경제적인 문제였다. 그는 문을 살짝 열어 놓았다. 경제발전을 통제하는 원칙들을 세워서 고리대금 금지의 포기로 생긴 공백을 메우지 않는다면 그 문은 활짝 열려 버리게 될 것이다. 하지만 동요하던 그 당시의 혼란 속에서 그런 원칙은 수립되지 않았다. 그래서 칼빈은 자신도 모르는 사이에 소위 '경제적 인간'의 등장을 위한 길을 열어놓게 되었던 것이다. 그것은 칼빈이 의도했던 것이 아니며, 초기 미국 이민자들의 기록과 초기 매사추세츠 역사를 보면 알 수 있듯이, 초기 칼빈주의자들의 행동은 그들이 '급속한 부의 축적'을 위한 수단들을 용납하지 않았음을 보여 준다.

로버트 킨씨의 경우를 생각해 보자. 그의 범법 행위는 일반적으로 인정되듯이 아주 질이 나쁜 것이었다. 그는 보스톤에서 상점을 운영했는데, 돈 놀이를 하면서 어떤 경우에는 6할 이자를 받고 또 어떤 경우에는 8할 이상을 받기도 했다. 액수가 적은 경우에는 두 배를 받기도 했다. 그는 전에 복음을 가르쳤던 교수였고, 자식도 한 명 밖에 없는 가진 것 많은 부류의 신분이 높은 사람으로서 양심과 복음의 발전을 위해 노력해야 함에도 불구하고 그런 일을 했던 것이다. 그에 대한 추문은 심각한 것이었다. 대금업자들에 대한 악평이 나돌았으며 억압에 대항하는 울부짖음이 온 나라를 뒤흔들었다. 진지한 노인층은 탐욕에 대한 악평 때문에 '모든 교회들과 세계 여러 나라들이 의심에 찬 눈길'로 걸음마 단계에 있는 공동체를 바라보게 됨으로써 악영향을 받게 되지 않을까 우려했다. 어쨌든, 하급 판사들은 관대하게 이 문제를 처리했다. 이자율을 제한하는 적절한 법 조항은 없었으며, 어느 정도의 이자율이 공정한지 결정하는 일도 쉽지 않았다. 시장이 감당할 수 있는 만큼 요구하는 그러한 죄는 킨 씨의 경우만이 아니었다. 결국 하나님의 법은 두 배의 보상만을 요구했다. 따라서 법관들은 자비롭게도 그에게 벌금을 200파운드만 물리고 말았다.[34]

어쨌든 돈 놀이의 문은 열렸으며, 생활의 압박은 그 문을 활짝 열게 하였고, 조직화된 체계로서 시작된 칼빈주의는 경제활동을 엄격한 도덕적 제한에 종속시켰지만 결국은 무제한적인 기업과 경쟁의 원천이 되고 말았던 것이다. 칼빈주의의 뿌리 깊은 본질적 개인주의는 자신의 상대적이고 피상적인 권위주의를 붕괴시키고 말았다. 이러한 붕괴 과정은 이미 영국 내전 시대에 상당히 진전되었고, 로드 대주교는 당시 의회에서 그의 행동을 대표하는 사회 분과 때문에 상당히 좋지 않은 평을 듣고 있었다. 그 분과는 토지 소유자들의 수탈과 공공토지에 대한 '울타리치기'를 통한 가난한 이들에 대한 약탈행위에 대해서 독단적인 감시 활동을 폈던 것이다. 로드 대주교는 농경문화의 옛 도덕률을 지지했다. 청교도들은 도시에서 기업을 확보함으로써 힘을 얻었다. 심지어 "힘껏 벌라"는 격언을 정당화시켜 주는 유일한 격언인 "힘껏 남에게 주라"는 말을 단순히 따르기보다는 거기에 경의까지 표하면서도 "힘껏 벌라"는 격언을 가장 훌륭한 것으로 여겼다.

종교개혁가들은 결코 150년 전에 등장한 '경제적 인간'이라는 이러한 괴물을 만들려고 의도하지는 않았다. 청교도들은 돈으로 살 수 있는 대부분의 물건들에 대한 자제를 엄격하게 요구했다. 그러나 그들의 근본적인 개인주의는 하나님에 대한 개인의 책임감을

---

34) Tawney in *Religion and the Rise of Capitalism*, pp.128, 129.

일깨워 주었지만, 동시에 부는 본질적으로 사회적인 것이기 때문에 전체 사회의 이익을 위해 모든 면에서 통제되어야 한다는 견해를 붕괴시키기도 했다. 결과적으로 부를 축적할 수 있는 좋은 기회가 도래했을 때 그 방향으로 나아가는 기업들을 부추기는 많은 종교적 가르침들이 존재하고 있었으나, 이 새로운 기업과 옛 신앙의 가르침을 연결시켜 줄 수 있는 인정받는 전통적 집합체가 없었던 것이다. 이러한 현상은 계속되어서 산업 혁명에 직면할 즈음에는 교회가 마비상태에까지 이르게 되었던 것이다. 많은 청교도들의 악착같은 노력에 의해서 처음에는 철강 산업이, 그리고 뒤이어 방적과 직조 공업 순으로 새로운 산업이 발전하게 되었다. 하나님에 대한 그들의 열렬한 신앙의 힘이 수그러들게 되자 부를 위한 경쟁을 제한할 수 있는 것은 아무 것도 없었고 부의 축적을 인정하는 도덕적 유산만이 남게 되었던 것이다. 그러므로 유명한 칼 마르크스의 다음과 같은 선언은 그다지 틀린 말이 아니다. " 부르주아들이 어디에서 그들의 우월한 지배권을 얻었든지 간에, 그들은 모든 봉건적 · 가부장적 · 전원적 관계를 종식시켰고, 인간과 그의 ' 자연적인 우월자' 들을 결합시키던 여러 종류의 봉건적 연대를 무자비하게 산산히 찢어 놓았으며, 벌거벗은 자기 이익과 냉정한 화폐지불 행위만을 인간과 인간 사이에 남겨놓았다." [35]

우리가 지금 1940년대의 초반에 와 있으므로, 교회의 사회적 증언을 들을 수 없게 된지도 거의 한 세기가 지난 셈이다. 대중의 권리를 위해 싸운 뛰어난 교구 사제로는 1760년부터 1810년까지 종획운동에 맞서 싸우면서 학교를 세웠던 커크비 무어사이드의 주

---

35) *In the Communist Manifesto* : quoted by Tawney, op. cit. p.269. 산업혁명의 인간적 측면에 관해서 살펴볼 수 있는 소설로는 Miss Bentley의 *Inheritance and Manhold* 와 Mr. Thomas Armstrong의 *The Crowthers of Bankdam* 이 있다.

제 3장 교회는 역사적으로 사회 개입의 권리를 주장한 적이 있는가?

임 사제와 여러 가지 실제적인 방법으로 억압받는 이들을 위해 일했던 코머 같은 이가 있다. 그들 중에서 가장 뛰어난 이는 1837년부터 1859년까지 리즈의 대리 주임 사제였던 후크이다. 그는 현대 도시 사제의 모범과 이상적인 상을 수립했으며 꾸준히 대중의 공동 이익을 위해 일했다. 하지만 이런 사람들은 개별적인 용기를 가진 사람들로서 주로 구체적인 악행에 관심을 집중했던 이들이다. 라들로우, 모리스, 킹슬리들이 등장함으로써 비로소 기독교의 사회 원칙이 되살아나게 되었다. 이런 사람들의 시대로부터 지속적인 회복이 진행되었다. 이러한 예언자들과 그 이후 세대인 웨스트 코트, 고어, 스코트 홀란드의 영향을 반영하는 공식적인 교회 공동체의 견해 표명들을 일일이 열거하는 것은 지루한 일이다. 이런 이들의 이름과 더불어 우리는 살아있는 현 상황의 문제들로 접어들게 된다.

  기독교의 정통적인 사회적 가르침이 존재했었다는 사실에 대해서는 이미 충분히 이야기했다. 기독교 전통의 다른 여러 부분들과 마찬가지로 이 가르침 역시 살아있으며 변화하는 여건과 환경에 스스로 효과적인 관계를 맺는 능력을 보여주는 실천으로 옮기는 유일한 방법을 통해 그 생명력을 입증한다. 따라서 우리는 지난날의 권위자들에 의지할 것이 아니라 제1원칙의 천명에 의거해서 사회적 가르침을 제시해야 할 것이다.

제 4 장
기독교의 사회적 기본 원칙

　교회가 사회 전반에 광범위한 영향력을 미치기 위해서는 두 가지 면을 갖추어야 한다. 첫째, 교회는 기독교 원리들을 선포하며, 언제든 현존하는 사회질서가 이 원리들과 갈등을 일으키는 부분을 지적해야 한다. 그러므로 현존하는 사회질서를 이 원칙들에 더욱 부합하게 재형성해 내는 과제는 자신들의 시민적 권리를 행사하는 기독시민들의 몫이 될 수밖에 없다. 이 점에 있어서 기술적인 지식이 필요할 것이며 실제적인 방편에 대한 판단력이 늘 요구될 것이다. 만일 다리를 건설해야 한다면 교회는 기술자에게 완벽하고 안전한 다리를 건설하는 것이 그의 의무라는 사실을 환기시킬 수 있지만, 그의 설계가 그러한 요구를 충족시킨다든가 그렇지 못한다든가에 대해서는 말할 자격이 없다. 어떤 신학자는 능력을 갖춘 기술자일 수는 있을 것이며 그런 경우에는 그 문제에 관한 그의 판단에 주의를 기울여야 할 것이다. 하지만 그것은 그 신학자가 능력을 갖춘 기술자이기 때문이며 그가 신학자라는 사실은 이 문제와 아무런 관계가 없다. 이와 마찬가지로 교회는 정치가들에게 어떤 목적을 향해 나아가야 하며 어떤 사회질서를 건설해야 하는지에 대해 말할 수는 있지만 그러한 목적을 달성하는 구체적인 수단을 강구하는 문제는 정치가들에게 맡겨야 한다.

　이것은 아주 중요하면서도 흔히들 잘못 이해하는 점이다. 기독교가 절대적인 진리를 지니고 있다고 한다면 그것은 보편적으로 적용되는 진리이다. 기독교 정신으로 기독교 원칙에 따라서 모든 일을 해야 한다. "그렇다면, 실업에 대한 기독교적인 해결책을 제시해 보라"고 어떤 이들은 말한다. 하지만 그런 해결책은 있지도 않고 있을 수도 없다. 기독교 신앙 그 자체로는, 이기적인 사람과 관대한 사람들이 공존하는 엄청난 수의 사람들과 복잡한 경제활동과 구체적인 경제 또는 정치개혁, 예컨대 '사회보장'과 같은 변수에 의해 어떤 영향을 받게 될지 예견할 수는 없다. "그렇다면 그 부분에서 손을 떼라. 당신이 이 분야의 바깥에 서 있다는 것을 스스로 고백하지 않았는가?" 하고 개혁가들이나 현상유지주의자들은 말할 것이다. 하지만 이런 경우에 교회는 "그럴 수는 없다"고 말해야 한다. 구체적인 처방책을 제시할 수는 없지만, 평화시에 많은 사람들을 만성적인 실업에 시달리게 하는 사회는 병든 사회라는 사실과, 그 처방책을 찾고 실행에 옮기기 위해 최선을 다하지 않는다면 그 사회가 하나님 앞에서 죄를 짓고 있다는 사실은 분명히 말할 수 있다. 때로 교회는 이러한 입장에서 더 앞으로 나아갈 수도 있으며, 복음의 원칙들에 어긋나는 사회악의 원천에 얽매여 있는 사회구조 자체의 모습들을 과감하게 지적할 수 있어야 한다.

　교회가 자신의 의무를 수행하려 하면 양쪽에서 공격을 받게 된다. 교회가 원칙을 천명하고 그 원칙에 어긋난 것을 지적할 때 사람들은 '정치적'이라고 말할 것이다. 또 구체적인 정책을 지지하는 사람들은 교회의 이러한 원칙이 그 정책에 도움이 되지 않기 때문에 부질없는 것이라고 말할 것이다. 교회가 자신의 사명에 충실하기 위해서는 이러한 양쪽의 불평들을 감수해야 할 것이며, 가능한 모든 시민들을 감화시키고 모든 부분들 안에 파고들어야 한다.

중요한 기독교의 사회원칙들에 대한 전반적인 설명을 시작하기 전에, 우리 시대의 전반적인 경향을 감안해서 몇 가지 주의사항을 밝혀두는 것이 좋을 것 같다. 때로 사람들은 교회가 해야 할 일은 완전한 사회질서의 모습을 그려 보이고 사람들로 하여금 그 그림대로 질서를 수립하도록 촉구하는 일이라고 생각하기 때문이다. 하지만 '완전한 사회질서'라는 말이 과연 무엇을 의미하는지는 알 수 없다. 완전한 사회질서란 우리 모두가 완전한 사람이 되면 최상으로 실현될 수 있는 질서인가? 아니면, 지금 이대로의 우리들이 존재하는 이 세상 안에서 최상으로 실현될 수 있는 질서인가? 만일 전자라면 그러한 질서는 절대로 실현될 수 없다. 그런 질서란 단 며칠 만에 붕괴되어 버릴 것이다. 후자의 경우라면 교회에게 그러한 질서를 찾아내라고 요구할 이유가 없을 것이다.

지금 우리는 기독교 전통 중에서 가장 인기가 없는 교리인 원죄를 다루고 있다. 흔히 이 교리는 현대인들이 받아들이기 매우 어려운 방식으로 제시되어 왔다. 이 주제의 전체를 지금 다루는 것은 적절치 못한 일일 것이다. 지금은 단지 다음과 같이 표현함으로써 우리의 목표를 밝히는데 충분할 것이다. 우리가 세상에 태어날 때, 주변에 펼쳐진 세계를 보게 된다. 우리는 세계의 한 가운데에 있으며, 우리가 보는 것들의 모든 비례와 원근은 거리나 높이 등과 같이 가시적인 여러 대상들과의 관계에 의해 결정된다. 우리의 육안은 살아있는 동안 끝까지 이러한 사실에서 벗어나지 못한다. 나는 내가 보는 세계의 중심이다. 이 세계의 지평선은 내가 어디에 서있는가에 달려 있다. 이러한 사실은 나의 정신적, 영적 시야에도 그대로 적용된다. 어떤 일들은 우리에게 상처를 입힌다. 우리는 그러한 일이 다시는 일어나지 않기를 바란다. 우리는 그 일들을 나쁜 일이라고 부른다. 한편 어떤 일들은 우리를 기쁘게 한다. 우리는 그런 일들이 반복되기를 바란다. 우리는 그런 일들을 좋은 일이라고 부른다. 우리의 가치 기준은 사물이 우리에게 어떤 영향을 미치는가에 달려있다. 그러므로 우리는 각자 자기 세계의 중심에 서있는 것이다. 하지만 우리가 좀 더 엄밀히 생각해 보면 나는 세계의 중심도 아니고, 선과 악을 구분하는 기준선도 아니다. 내가 아니라 바로 하나님이 중심이고 기준이다. 다시 말해서, 처음부터 내가 하나님의 자리에 서있었던 것이다. 이것이 바로 내 원죄이다. 말을 배우기도 전부터 나는 이렇게 해왔고, 모든 사람들이 유아 때부터 그렇게 해오고 있다. 이 때문에 내가 '죄인'인 것은 아니다. 나로서는 어쩔 수 없는 일이기 때문이다. 하지만 나는 태어나면서부터 자신에게 재앙을 초래할 수 있는 이러한 상태에 머물고 있으며, 이 상태에서 벗어나지 못한다면 다른 사람들이 내 영향을 받게 될 것이다. 교육으로 나의 지평과 관심의 폭을 넓힘으로써 이러한 자기중심성을 덜 심각하게 만들 수 있을 것이다. 그런 면에서 교육은 등산과 비슷한데, 등산은 육체적으로 시야를 넓혀주지만 나는 여전히 중심과 기준으로 머물고 있다. 교육이 이보다 더 큰 무엇인가를 하려면 진리나 아름다움을 위해 헌신하게 할 수 있어야 한다. 이러한 헌신은 부분적으로 자기중심성에서 벗어나게 해줄 것이다. 하지만 자기중심성에서 완전히 벗어나려면 온 마음으로 헌신하고, 모든 의지를 바치게 만들어야 한다. 그리고 이는

그리스도가 본인의 삶과 죽음으로 보여주신 하나님의 사랑만으로 할 수 있는 일이다.[36]

    정치문제는 있는 그대로의 사람들에 대해 관심을 가질 뿐 그들이 어떤 사람이 되어야 하는가에는 관심이 없다. 그러므로 인간이 창조목적에 맞는 삶이 되도록 질서를 잡아주는 것이 우리 임무의 한 부분이며, 만약 인간이 이미 그러한 상태에 도달했다고 가정하게 되면 실패와 재앙이 따를 것이다. 우리는 인간이 전적으로 나쁘다고 주장하지 않으며 또한 악에 가깝다고 생각하지도 않는다. 우리가 주장하는 것은 인간이 완전히 선한 존재가 아니며, 인간의 선함은 자기중심성과 같은 특성에 의해서 부분적으로 훼손되었고, 자유나 권력을 얻는 만큼 유혹에 노출된다는 사실이다. 이 말은 인간의 자유나 권력을 인정하지 말아야 한다는 뜻이 아니다. 그와는 반대로 인간이 비록 자유를 남용할지라도 자유가 필요하다는 것이 기독교의 중요한 입장이다. 하지만 인간이 진리와 아름다움이라는 이타적인 생각에 헌신하지 않는 한, 이러한 자유를 분명히 남용하리라는 것도 인정해야 한다. 이러한 헌신은 구속하시는 하나님의 사랑에 대한 응답으로써 인간의 마음 안에 생겨나는 사랑에 의해서만 완전하게 이루어진다.

    앞으로도 상당한 기간 동안, 그리고 아마도 세상 역사의 종말에 이르기까지 정치가들은 스스로 자유와 권력을 남용하는 사람들이 될 것이고 또 사람들을 다루게 될 것이다. 그렇다면 모든 정치와 경제체제에 가장 기본적으로 요구되는 것은 바람직한 사랑을 표현하는 체제가 되어야 한다는 것도, 일차적인 윤리적 요구인 정의

---

[36] 만일 어떤 독자가 이러한 내 주장의 논거를 묻는다면 졸저 『*Nature, Man and God*』 (Macmillan) 356-403쪽과 514-520쪽을 제시할 것이다.

를 표현하는 체제가 되어야 한다는 것도 아니고 살인, 약탈, 기아로부터 보호할 수 있는 합리적인 수단들을 제공하는 체제가 되어야 한다는 것이다. 사람과 환경이 지금 그대로 변하지 않고, 제시된 어떤 틀이 실제로 위험들로부터 안전을 제공하지 못하게 된다면 그 체제는 사라져 버릴 확률이 매우 높다. 기독교 신자들은 이러한 점들을 더욱 정확하게 평가할 수 있게 해주는 인간본성에 대한 이해의 실마리를 다른 사람들보다 더 많이 지니고 있다. 하지만 그들이 자신들의 전통에 충실하다고 해도 장미빛 안경을 끼고 이 문제에 접근한다면 그것은 불가능할 것이다. 기독교의 원죄론은 교회를 철저하게 현실적이게 해주며, 유토피아적 이상주의에서 분명히 벗어나게 해준다.

현재의 사회를 가능한 이상에 가깝게 일치시켜야 할 기독교 사회의 이상형 같은 것은 존재하지 않는다. 플라톤의 『공화국』에서 그러한 이상형들을 찾아볼 수는 있겠지만 누군가가 그려 보이는 그러한 이상적인 국가에서 정말로 살고 싶어하는 사람은 없을 것이다. 더구나 그러한 상태에 도달하기 위해서는 엄청난 어려움을 감수해야만 할 것이다. 이상 국가에 대한 설명을 읽고 우리 사회를 그런 상태로 변화시키는 일을 어떻게 시작해야 할지 생각하면서, 어떤 한 이야기가 떠올랐다. 어떤 영국인이 아일랜드에 갔을 때 아일랜드 사람에게 로스코먼으로 가는 길을 물었다. 그러자, 아일랜드 사람은 " 로스코먼으로 가려고 합니까?" 라고 반문했다. " 그렇습니다. 그래서 길을 묻고 있지 않습니까?" 하고 영국 사람이 대답했다. " 그렇군요. 나라면 로스코먼으로 갈 때 여기에서 출발하지 않겠습니다" 라고 아일랜드 사람이 말했다. 같은 의미로 기독교가 어떤 이상형을 제시하지는 않지만 그것보다 훨씬 가치 있는 것, 말하자면 어떤 상황 속에서든 행동을 시작할 수 있는 원칙을 제시해 줄 수는 있다. 이제 이러한 원칙들에 대해서 생각해 보기로 하자.

1. 하나님의 목적

인간으로 출발하는 사고들과는 달리 기독교 사회의 모든 사고는 하나님으로부터 출발해야 한다. 가장 기본적인 믿음은 하나님이 창조주이시며, 이 세상은 하나님의 뜻이 없이는 시작도 없고 유지될 수도 없다는 것이다. 세상은 하나님이 필요하지만 하나님은 세상이 필요하지 않다. 하나님이 계시지 않았다면 세상은 없었을 것이다. 세상이 존재하지 않는다고 해도 하나님은 세상을 창조하려 하던 그때의 하나님 그대로 존재하실 것이다. 플라톤의 생각처럼 하나님은 사랑 때문에 세상을 창조하셨기에 전혀 질투심 같은 것 없이 하나님 자신의 복을 나누어주기 원하신다.

하나님은 사랑의 대상으로서 세상을 필요로 하지 않으신다. 하나님은 이미 복된 삼위일체 인격 안에서 그런 사랑의 관계를 맺고 있기 때문이다. 하지만 세상은 그분의 사랑에서 나온 것이다. 창조는 하나님의 사랑이 흘러 넘친 결과이다. 하나님은 세상을 창조하면서 수많은 사물들을 만드셨다. 피조물들은 그것에게 부여하신 하나님의 법에 언제나 복종해야 한다. 별과 혹성에서 원자와 전자에 이르기까지 그 법을 거역할 선택권은 어느 것에도 없다. 하지만 하나님은 자신의 법에 따르지 않을 수도 있는 피조물인 남자와 여자를 만드셨다. 하나님은 피조물들 중에서 자신의 의지로 하나님의 사랑에 복종하고 응답할 수 있는 존재를 원하셨다. 여기에는 위험성이 내포되어 있다. 그것은 인간이 생명에 대한 자기중심적 시각을 가짐으로써 모방과 자기 확신에 의해 이기심이 굳어져서, 사회를 동료애가 아닌 이기심이 가득한 경쟁의 도가니로 만들어 버릴 위험성이다. 바로 이런 일이 현실로 일어난 것이다. 하나님은 사람들을 이런 상황에서 구해내기 위해서 세상에 오셨고, 하나님의 사랑으로 인간이 되어 인간의 삶과 죽음을 겪으셨던 것이다.

지난 시대의 역사를 그 어느 영국인 보다도 잘 알았던 액튼 경은 다음과 같이 신중하게 선언했다. " 당신이 구원하신 인류에 대항하여 일어서신 그리스도의 행동은 실패하지 않고 더욱더 자라나고 있다."[37] 그러나 모든 사람들을 하나님께로 이끄는, 다시 말해서 모든 것이 그리스도 안에서 하나가 되게 하는[38] 이 임무는 역사의 종말에야 완성될 것이다. 그리고 하나님의 계획이 이룩하려는 사랑의 형제애는 역사 안에서는 결코 이루어지지 않을 것이다. 그러한 형제애는 언제나 현재의 형제애보다 더 큰 것이어야 하기 때문이다. 하나님의 왕국은 지금 이곳에 존재하는 현실이지만 영원한 질서 안에서만 완성되는 것이다.

2. 인간 : 인간의 존엄성, 비극과 그 운명

인간에 관한 기본적인 요소는 두 가지이다. 첫째, 인간은 ' 하나님의 형상을 따라서' 창조되었다. 둘째, 인간의 모습은 말하자면 동물적인 본성 위에 새겨져 있는 것이다. 이 두 가지 사이에서 일어

---

[37] Lectures on Mocern History, p.12.
[38] 에베소서 1:10.

나는 끊임없는 갈등은 영원한 비극을 만들어 내고 있다. 인간이 존엄한 이유는 인간이 하나님의 자녀이며 하나님과 교제를 나눌 수 있는 능력을 지니고 있고, 하나님의 사랑의 대상이며 - 이러한 사랑은 십자가 위에서 드러났다 - 하나님과 영원한 벗이 될 운명을 지니고 있다는 것이다. 인간이 지닌 참된 가치는 그 자신이 가치 있는 존재이기 때문도 아니고 지상에서의 현 상태에서 나오는 것도 아니다. 인간은 하나님께 가치가 있기 때문에 가치 있는 존재이다. 그리고 이러한 가치는 하나님이 온전히 무상으로 주신 것이다. 인간은 이러한 존엄성을 염두에 두고 삶을 살아가며 방향을 잡아야 한다. 국가는 전체주의 국가처럼 인간이 국가의 목적을 위해 봉사하는 그만큼만 인간의 가치를 인정해서는 안 된다. 국가가 국민을 위해 존재하는 것이지 국민이 국가를 위해 존재하는 것이 아니다. 하지만 인간은 자신을 자기 가치의 중심으로 취급하거나 그렇게 삶을 영위해서는 안 된다. 인간은 자기 자신이 목적이 아니다. 인간이 가치가 있는 것은 하나님께 가치가 있기 때문이며, 인간의 목적은 '영원히 하나님께 영광을 드리고 그분을 즐겁게 해드리는 것'이다.

 한 인간은 하나님의 자녀로서 하나님 가족의 일원이다. 이 가족이 완전하게 자라나고 표현되면 인류 전체와 같이 될 것이다. 하지만 인간이 가지고 있는 고유한 사회적이고 가족적인 특성은 먼저 가족으로부터 표현된다. 가족은 인간이 사회적 삶을 처음으로 시작하는 최소 단위이고, 가족의 보존과 안전은 사회복지의 첫째 원칙이 된다. 한편 가족은 생물학적 요소이다. 자녀는 철저하게 부모에 의존해서 태어나며 부모의 보살핌이 필요하다. 하지만 가족은 생물학적인 차원을 넘어선다. 다른 동물들도 자신의 새끼들을 보살핀다. 하지만 새끼들이 다 크게 되면 가족 관계는 소멸된다. 인간들의 가족간의 유대는 평생 계속된다. 생물학적 필요에 의해서 시작된 관계는 영적인 소유물이 된다. 현대 사회의 조직들 안에서 그렇듯이 가족에 대한 무시는 국민과 사회에 상처를 입힌다.

　가족 이외에도 더욱 필요한 사회적 단위들이 존재한다. 나중에 이런 단위들에 대해 논의하겠지만, 이 단위들 중에서 오직 한 가지만이 가족과 똑같이 자연적인 것이다. 가족은 자연적인 것이지만 나중에 가서는 훨씬 덜 자연적인 것이 된다. 우리가 알고 있듯이 국가는 오랜 역사의 산물이다. 하지만 그 기원이 씨족과 부족이라는 사실 때문에 국가와 개인과의 관계는 개인과 가족과 같은 관계가 된다. 그리고 국가는 의도적으로 만들어진 구조가 아니라 역사적인 발전의 산물이다. 모든 국민들은 한 가족의 일원이면서 동시에 한 국가의 구성원으로 태어난다. 이 국가는 다양한 문화유형들을 발전시켰고 세계는 더욱 다양한 문화유형들을 지니게 되었다.

　각 사람은 한 가족과 국가 안에 태어난다. 그 사람의 성장은 대부분 이 두 요소에 의해서 이루어진다. 가족은 자연에 깊이 뿌리박고 있으며 국가는 역사에 근거를 두고 있기 때문에, 하나님을 창조주요, 섭리자로서 믿는 사람들은 가족과 국가를 인간의 삶을 위한 하나님의 계획의 한 부분으로 보아야 한다. 가족과 국가의 주장들은 서로 조정되어야 하며, 한 나라 안의 여러 가족들의 주장과 인류 가족 안의 여러 국가들의 주장도 마찬가지이다. 바로 이런 이유 때문에 가족의 안정을 해치거나 파괴하는 모든 사회질서는 단죄 받아 마땅하며, 자신의 문화적 전통을 발전시키려는 몇몇 나라의 자유를 말살하는 국제적인 삶의 질서도 마찬가지로 비난받아 마땅한 것이다. 국가의 목표는 가족 단위들의 조화로운 안정과 경제적 안전을 창출하는 것이어야 하며 전 세계의 목표는 서로가 더욱 풍요로운 조화를 이루는 형제애를 위해 기여하는 구성원들임을 인정하는, 정신적으로 독립된 국가들 간의 조화를 창출하는 것이어야 한다. 이러한 조화는 하나님 나라에 응답하는 완성된 지상의 상태가 될 것이며, 하나님 나라의 첫 열매가(사도 바울은 아마도 이렇게 부를 것이다) 될 것이다. 이 조화는 하나님 나라의 시민들을 훈련하는 학교를 제공할 것이다. 이 지상의 조건하에서는 누구도 하나님 나라의 완전한 삶에 대해서 알 수가 없지만, 조화는 모든 세대의 하나님의 종들과 하나님 간의 우애이며 인간 서로 간의 형제애를 이루게 하기 때문이다. 그러나 인간의 비극은 조화로운 삶과 환경을 상상하며 이것만이 자신의 본성을 만족시킬 수 있는 것이라고 생각하지만 그 상태에 도달하려는 희망을 좌절시키는 방향으로 삶을 살아가게 되는 것이다. 그것은 인간의 정신과 이성이 덜 확립되었기 때문이 아니라 인간본성의 동물적인 부분에 대한 통제가 부족하기 때문이기도 하다. 인간의 정신은 타락했으며, 인간의 이성은 방향을 잃었다. 인간의 자기중심성은 그의 이상주의에 손상을 입혔다. 자기중심성은 인간의 모든 시각을 왜곡시키기 때문이다. 인간의 이성은 순수하게 지성적인 방식으로 작동될 때에만 신뢰할 수 있다. '2+2=4'는 틀림없는 진리이다. 이것은 죄악에 물든 인간에게서 기대할 수 있는 최대한의 근사치가 아니다. 이는 절대적인 진리에 대한 정확한 이해이다. 인간은 수학적인 처리 능력으로써 이러한 진리를 파악할 수 있다. 하지만 이러한 능력은 인간을 조금 앞으로 나아가게 해 줄 뿐이다. 이 능력은 비행기를 만들고 조종할 수 있게 도와줄 뿐, 항상 그리고 오직 인류의 이익만을 위해서 비행기를 사용하도록 해 주지는 못한다. 모든 과학은 도덕적으로 중립적이다. 인간관계로 접어들게 될 때, 우정이나 사랑에 빠지게 될 때, 그리하여 다시 사회적 조직이나 정치적 구조로 들어가게 될 때, 우리는 삶의 영역으로 들어서게 되며 그 영역에서 이성은 쉽게 실수를 하게 된다. 자기 이익은 늘 혼란을 일으키는 영향력을 행사하며, 그것을 행동의 지침으로 받아들일때 뿐만 아니라 거세게 거부하는 경우에도(비록 더 고귀하기는 하지만) 마찬가지 영향력을 행사한다.

어쨌든, 우리 모두는 정치란 대개 서로 다른 이익집단들, 다시 말해서 '가진자'와 '못가진자' 사이에서의 다툼이라고 알고 있다. 사람들을 자기 중심성의 이익 추구로부터 순수한 덕으로 이끄는 것이(이에 대해서도 토론의 여지가 있기는 하지만) 교회의 역할일 것이다. 대중들의 이익에 호소하지 않고 그들을 다스릴 수 있다고 생각하는 정치가는 꿈나라에 살고 있는 것이며 공적으로 위험한 존재이다. 통치의 기술은 삶에 질서를 부여함으로써 자기 이익의 추구가 정의의 요구에 부응하는 것이 되도록 만드는 기술이다. 즉, 도둑들은 감옥으로 보내도록 법으로 정해져 있다. 하지만 이 법의 목적은 도둑들을 감옥으로 보내는 것이 아니라 정직하지 않은 사람들이 부정직한 행동을 하는 것에 대해 신중히 생각하게 하려는 것이다. 하지만 이러한 수단들은 온전히 사려깊지 못하고 냉소적인 사람은 여기에서 그의 악의적인 위트의 소재가 될 만한 많은 것들을 찾아내고 있겠지만, 인간에 대한 진실은 그의 이해 범주를 벗어난 곳에 존재한다. 인간은 자기중심적이다. 하지만 인간은 이러한 자기중심성이 인간 본질의 진실이 아니라는 풍부한 증거를 항상 지니고 있다. 인간은 자기 이익의 추구에서는 절대로 나올 수 없는 명예스러운 능력과 그 능력의 성취물을 지니고 있다. 비록 손상되기는 했지만 인간 안에는 하나님의 모습(거룩함과 사랑의 모습)이 여전히 남아있다. 심지어 이 모습은 - 그 손상 과정을 통해서 - 인간 타락의 원인이 되기도 한다. 만일 이 모습에서 하나님의 형상이 제시되기만 한다면 인간은 자신의 완전성을 통해서 하나님의 모습에 응답할 수 있는 능력을 지니게 된다. 이것이 바로 복음의 영광이다. 이 모습은 "그리스도의 얼굴에 빛나는 하나님의 영광을 깨닫고" 그럼으로써 "너울을 벗어버리고 거울처럼 주님의 영광을 비추게" 해 주며, 인간이 "주님과 같은 모습으로 변화하여 영광스러운 상태에서 더욱 영광스러운 상태로 옮아가게" 해 준다.[39] 이것이 바로 인간의 운명이다. 그리고 인간의 사회적 삶이 심사숙고를 거쳐 계획된 것이라면 이러한 점을 고려해야 한다. 인간은 현재 상태 그대로의 존재로 취급되어야 하지만 하나님의 목적 안에서 인간이 나아가도록 정해진 목표를 항상 염두에 두어야 한다. 법과 사회질서는 우리를 그리스도께 인도하는 스승이 되어야 한다.[40]

---

39) 고린도후서 4:6 ; 3:18.
40) 갈라디아서 3:14.

제 5 장
기독교 사회 원칙: 파생 원칙

1. 자유

　기독교 윤리와 정치학의 기본 원칙은 모든 사람은 기본적으로 개인으로서 존중 받아야 한다는 것이다. 모든 남녀가 하나님이 사랑하는 자녀들이고 그리스도가 그들을 위해 죽으셨다면, 그들은 사회적인 유용성을 떠나 절대적으로 독립된 가치를 지니고 있기 때문에, 개인은 사회보다 우선해야 한다. 국민이 국가를 위해 존재하는 것이 아니라 국가가 국민을 위해 존재하는 것이다.

　사회 발전의 분명한 첫째 목표는 국민이 개인적인 역량과 자질을 충분히 행사할 수 있도록 기회를 제공하는 것이며, 이를 위한 가장 기본적인 조건은 개인에게 책임있는 선택권을 제공하는 것이다. 따라서 사회는 각 개인이 신중한 선택을 할 수 있도록 최대한의 기회를 제공하고, 그러한 기회를 활용하도록 최선의 훈련을 제공하는 질서를 갖추어야 한다. 다시 말하면 우리가 가장 먼저 고려해야 할 것은 개인이 가능한 한, 넓은 책임 범위를 가져야 한다는 점이다. 이 책임은 개인의 인격을 가장 온전히 표현할 수 있고, 또 자유라는 위대한 이름에 걸맞도록 심사숙고한 뒤에 내리는 선택권을 행사하는 책임이다. 정치의 목표는 자유이다. 진정한 자유를 성취하고 보호하는 것이 모든 올바른 정치행위의 최우선 목적이다. 인간은 자유 안에서, 자유를 통해서 자신의 참된 인격, 즉 하나님의 형상대로 창조된 인간의 평등성이라는 온전한 인격을 발휘할 수 있다. 자유라는 말은 위대한 단어이다. 하지만 다른 위대한 단어들과 마찬가지로 대개 피상적인 의미로 이해되기 쉽다. 사람들은 세상 재물을 충분히 가지고 있는 사람들이 자유를 요구하는 것은 "나를 내버려 두라"는 뜻이고, 재물을 충분히 가지지 못한 사람들이 자유를 요구하는 것은 "기회를 달라"는 뜻이라고 말했다. 이러한 중요한 해석상의 차이는 자유를 억압이나 제한의 부재라고 단순히 이해했기 때문에 생겨난 것이다. 하지만 자유라는 단어가 의미하는 것이 단지 이런 것 뿐이라면 자유와 방종은 흔히 서로 분리되지 않는 것으로 보일 만큼 쉽게 하나가 되어 버릴 것이다. 산발적인 충동의 억제되지 않은 충족보다 더 헛된 행동은 없을 것이기 때문이며, 이러한 삶은 따분함을 거쳐 자살로 유도하는 실존이라고 할 수 있다. 자유가 보배로운 것이 되기 위해서는 무엇인가를 위한 자유이면서 동시에 무엇인가로부터 연유하는 자유이어야 한다. 자유는 목표를 형성하고 수행해 나가는 실제적인 능력이어야 한다. 자유에는 훈련이 내포되어 있다. 먼저 삶의 진정한 목표가 제멋대로의 충동들을 통제하기 전에 그러한 충동에 제동을 거는 외적인 훈련이 있어야 하고, 삶의 목표가 형성된 다음에는 그 목표를 성취하기 위한 자기 훈련이 있어야 한다. 간단히 말해서 자유는 자기 통제, 자기 결정, 자기 인도이다. 국민들의 자유능력을 훈련시키고 자유로운 행동의 여지를 주는 것은 모든 참된 정치의 지상 목표이다. 하지만 인간은 모두 자기중심적인 피조물이다. 동시에 인간은 자신의 자유를 남용하는 존재라고 할 수 있다. 인간이 자기를 통제할 수 있는 경우조차도 자기 이익을 위해서 자신을 통제한다. 즉 전적으로 자신을 통제하지는 않는 것이다. 인간이 전적으로 나쁜 것은 아니다. 하지만 온전히 선하지도 않으며, 자기중심성의 파편들 때문에 자신의 목표가 어느 정도는 이웃의 목표와 부딪치는 결과를 낳는다. 그러므로 인간 안에 이기심이 남아 있는 한, 법의 제한이 필요하다. 법은 진정한 자유를 보호하고 신장시키기 위해 존재한다. 첫째, 법은 한 사람이 다른 사람의 자유를 파괴하지 못하도록 한다. 만일 내가 이웃의 머리를 때리는데도 아무런 제지를 받지 않는다면 의무와 즐거움을 추구할 그 이웃의 자유는 크게 손상을 입을 것이다. 하지만 법은 내가 가질 수도 있는 불시의 살인 충동에 스스로 동의하지 않을 만큼 충분히 무서운 처벌로써 그 충동을 억제하기 때문에, 단지 그것이 좋다고는 할 수 없지만, 좋은 동료 관계를 맺고자 하는 내 목적이 그와 같은 충동으로 공격을 받지 않도록 보호해 주는 것이기도 하다. 이런 경우에 법의 제한은 모든 관련된 사람들의 진정한 자유를 증진시킨다. 이 책은 사회질서에 관한 것이지 회개나 하나님의 은총에 관한 것이 아니다. 하지만 혼동을 피하기 위해서 밝혀 둘 것은, 기독교는 모든 사람들이 오직 온전한 믿음을 통해서만 온전한 자유에 도달할 수 있다고 믿는다는 것이다. 이 온전한 믿음이란 하나님의 사랑에 대한 완전한 인격적 응답이다. 인간의 양심과 마음과 의지 안에서 역사하는 하나님의 사랑만이 인간을 자기중심성으로부터 자유롭게 해 줄 수 있다. 그렇지 않다면 자기중심성이 그의 삶과 사회적 삶을 위한 공헌을 훼손시킬 것이다. 어떤 사람도 삶 속에서 이러한 온전한 응답에 도달할 수는 없을 것이며, 많은 사람들이 그러한 상태에 도달하지 못하리라는 것은 분명한 사실이다. 따라서 하나님의 나라가 죽을 운명에 놓인 이 세상에서 완전히 성취되는 것을 보리라는 희망은 가질 수 없다. 그 나라는 영원에 속한 나라이다. 하지만 그것이 우리의 영원한 목표라고 한다면 역사가 그런 방향으로 나아가도록 모든 노력을 다해야 한다. 이쯤에서 그리스도가 개인적인 선택을 얼마나 절대적으로 존중하셨는지를 언급하고 넘어가는 것이 좋을 것이다. 그리스도는 사람들에게 자신을 따르라고 미끼를 제공하거나 강제하신 일이 결코 없었다. 제자인 유다가 배반하려고 마음을 먹었다면 그렇게 하도록 허락하실 수밖에 없었다. 예수님은 아무리 사람을 구원하기 위해서라고 해도 사람의 자유를 억압하지 않으신다. 모든 영적인 삶은 전적으로 자유에 의지하고 있기 때문이다. 교회가 이러한 사실을 번번히 이해못했다는 사실은 놀랍고도 무서운 일이다. 일부의 사람들이 오늘날까지 로마의 두드러진 결점이라고 생각하는 이러한 무지는 박해를 받으면서도 결코 믿음을 버리지 않게 해주며 한편으로는 권위주의적인 정치 체제에 자발적으로 호감을 느끼게 만든다. 그리스도의 이름으로 영적으로 호소하고 이성적인 승복을 받는 것 이외에 다른 수단을 사용하는 것은 그리스도의 첫 번째 행동 원칙을 위배하는 것이다.

2. 사회적 동료애

사람은 고립되어 살 수 없다. 모든 사람들에게는 스스로 조달하지 못하는 필요한 것들이 있다. 인간에게는 삶의 필요한 것을 제공받고, 삶 자체가 보완되기 위해서 이웃의 존재가 필요한 것이다. 인간은 본성상 그리고 어쩔 수 없이 사회적인 존재이다.

최근의 정치이론들은 이러한 진리를 표면적으로만 강조해 왔으며, 따라서 대체로 그 진리에 무지해지고 말았다. 분명 우리의 사회 조직은 대부분 이 진리에 무지하다. 인간의 사회적 본성은 존재의 토대이기 때문이다. 나는 먼저 스스로 존재하는 사람이고, 그 다음에 내 부모에게서 태어나게 된 사람이고, 영국의 시민이며, 그리고 기타 등등의 속성을 지니게 된 그런 존재가 아니다. 만일 이러한 사회적 관계들을 모두 제거하고 나면 아무것도 남지 않게 될 것이다.

어떤 사람이 다음과 같이 말한다면 의미가 없을 것이다. "만일 내가 다른 누군가의 아들이라면…" 그는 부모의 아들이다. 그 사람은 자신이 다른 누군가의 아들이라고 가정하는 것이 아니라 자신이 존재하지 않고 그 자리에 다른 누군가가 존재하고 있다고 가정하는 것이다. 실제로 우리는 상호 영향을 통해서 자신의 정체성을 현재에 존재하는 모습으로 확립한다.[41] 이러한 상호 영향력이 처

---

41) 물론 각자에게는 상호결정의 전체 과정을 시작하는 독자적인 어떤 것이 있다. 결정론의 해악은 이런 평범한 사실을 무시하는 데 있다. 결정론은 참으로 이렇게 말한다. ABC라는 복합체 안에서 A는 B와 C때문에 A이고, B는 A와 C때문에 B이며, C는 A와 B때문에 C이다. 만일 이것이 다라면 우리는 비실존자인 부분들에 의해 변화하는 이 우주 안으로 자신을 바꾸어 내는 무(無)라는 광경만을 보게 될 것이다. 이것은 어불성설이다. 이것은 자명한 사실이다. 하지만 상호 결정 과정이 시작되기 전에 무엇인가가 존재해야 하는 것이 사실이지만, 실제로 존재하는 것은 그 본질상 이러한 결정 과정의 산물이라는 것 역시 진리이다. 태어나는 모든 아기들은 이 세상에 온전히 새로운 어떤 것을 가지고 온다. 하나님은 그 안에 새로운 것을 만드신다. 부모는 창조주를 위해 행동하며, 따라서 아기를 "낳는다"고 말한다. 아기는 단순히 부모들의 가족사가 만들어낸 산물이 아니다. 하지만 아기는 이 가족사와 전혀 동떨어진 존재도 아니다.

음으로 일어나는 장소는 가정이다. 그리고 학교, 대학, 노동조합, 직업 협회, 도시, 지방, 나라, 교회 등과 같은 다른 장소들로 늘어나게 된다.

오늘날 실제적인 자유란 사람들이 이러한 다양한 사회단위들 안에서 향유하는 자유이다. 하지만 대부분의 정치이론들은 국가적인 공동체의 유기체로서의 개인과 나라에만 관심을 국한시키고 있다. 이 이론들은 매개 역할을 하는 집단들을 무시하는 경향이 있다. 이러한 무시는 실제적인 자유를 이해하는 일을 아주 불가능하게 만든다. 자유란 이러한 매개 집단인 가정, 교회 또는 수도회, 길드, 노동조합, 학교, 대학, 동호회 등을 통해 존재하기 때문이다(영국 사람들은 19세기에 와서야 위에 열거한 명칭을 만들어 낼 수 있었고, 이름을 그런 집단에 붙이는 것에 동의했다. 그리고, 이런 명칭이 붙은 집단은 매우 일반적이고 유익한 형태의 집단이다). 혁명적인 정치이론이 흔히 범하는 잘못은 이러한 작은 규모의 결합체들을 무시하거나 파괴하려 한다는 것이다. 대부분의 이러한 결합체들은 역사적 성장의 산물이며 어떠한 이론적 틀에도 정확히 맞아 들어가지 않는다. 그러므로 이론가가 되어야만 하는 혁명가는 이러한 결합체들을 용인할 수 없는 것이다. 자유·평등·박애를 기치로 내걸었던 프랑스 대혁명이 자유와 평등 사이의 투쟁으로 전락하고, 그 안에서 박애가 질식당하고 자유가 재판에 의해 살해당하게 된 것은 거의 그런 이유 때문이다. 무정부 상태가 되지 않는 한, 개별 시민이 국가를 이기고 실제적인 자유를 행사하기는 불가능하기 때문이다.

사람들이 만들어낸 다양한 문화·경제 지역 결합체들 안에도 자유가 존재한다. 각 결합체들 안에서 우리는 자신이 중요한 인물이라고 느끼며, 자신이 다른 사람들에게 의존하듯 다른 사람들이 자신에게 의존하고 있다고 느낀다. 자유를 보존하고 지켜주는 국가는 이런 모든 단체들을 장려해야 하며, 이런 단체들의 활동이 공동 생활 안에서 이루어지고 또 다른 유사한 단체들의 자유를 침해하지 않는 범위 안에서 자신들의 활동을 영위할 수 있는 자유를 주어야 한다. 따라서 국가는 공동체들의 공동체 혹은 이 공동체를 운영하는 조직이 되는 것이다. 그리고 국가의 대표기관들은 개인들이 아니라(혹은 개인들과 더불어) 다양한 집합체들을 대표하는 기관들이 되어야 한다는 주장에 대해서는 많은 논의가 필요하다. 우리의 의회 제도는 자치구와 지방정부를 구분함으로써 어느 정도 그런 기능을 하고 있으며, 이런 방향으로 더 나아갈 필요는 없다고 볼 수 있다. 하지만 몇몇 분야에서 실권을 가지면서 의회의 거부권 아래에 있는 위원회들을 설립하는 문제에 대해서는 많은 논의가 필요하다. 그런 위원회로는 교육 위원회라든지, 이제 곧 탄생을 보게 될 현대적인 무역 위원회, 그리고 무엇보다도 실제적인 권한을 가진 산업 위원회와 같은 것들이 있다. 마지막의 산업 위원회에 관해서는 뒤에서 더 언급하고자 한다. 어쨌든 하나님 가족의 구성원으로서의 인간이라는 개념은 자유를 자신의 이익만을 위해서 사용하지 않는 것을 의미한다. 자유는 오직 집합체를 통해서 표현될 때에만 정당성을 가진다. 그리고 자유로운 사회는 이러한 정당성이 효과적으로 발휘되도록 돕는 조직이 되어야 한다. 다시 말해서 사회에는 전체의 조화 안에서 여러 분야의 단체나 집합체들이 많아야 한다는 것이다. 이 점은 아무리 강조해도 지나치지 않는다. 교황 레오 13세는 회칙 '노동자들의 현실'에서 이러한 사실을 크게 강조했으며, 교황 비오 11세는 '사회질서의 쇄신Quadragesimo

Anno'에서 그러한 강조를 다시 한 번 확인했다. 그리고 프랑스 사상가 자크 마리탱은 최근에도 이러한 사실이 지닌 심오한 중요성을 다시 한 번 지적했다.

자크 마리탱은 최근의 저서 『스콜라철학과 정치』에서 인격Personality과 개인성Individuality에 대한 타당한 구분을 제시한다. 모든 사람들은 물론 개인이다. 하지만 이 개인성은 그를 다른 사람과 구별해 주는 것으로 구분의 원리일 뿐이다. 반면에 인격은 사회적인 것이고, 인간은 사회적 관계 속에서만 비로소 한 인격체가 되는 것이다. 실제로 인격이 완성되기 위해서는 하나님과의 관계, 이웃과의 관계가 필요하다. 인격적인 관계들이 풍부할수록 그의 인격도 더 풍요롭게 될 것이다. 이러한 사실은 정치적으로 매우 중요하다. 이러한 관계들은 공동체 · 단체 · 집합체들이 이루는 전체적인 그물망 안에 존재하기 때문이다. 인간의 삶을 진정으로 풍요하게 하는 것은 이런 관계들 안에서 성립된다. 그러므로 국가의 기능이 인간의 안녕을 증진시키는 것이라면 이러한 많은 시민단체들을 육성해야만 한다. 영국식 형태 보다 대륙식 형태에서 더욱 그렇기는 하지만, 현대 민주주의는 개별성과 보편성이라는 개념을 지닌 '합리주의'의 요람에서 발전했다. 불행하게도 영적 · 문화적인 친밀성에 대해 무감각해진 것은 루소 이후의 일이다. 따라서 현대 민주주의는 이러한 중간 단체들을 용인할 수 없게 되었고, 제3의 다른 선택은 있을 수 없다는 듯이 '개인주의' 또는 '전체주의'를 향해 나아가게 되었다. 하지만 개인주의도 전체주의도 인간이나 삶에 대한 기독교의 올바른 이해와는 합치될 수 없다는 것은 분명하다.

프랑스 대혁명 기간 동안 합리적이고 개인적인 '자유'와 제도적이면서 물질적인 '평등'이 편을 갈라 싸우는 것을 볼 수 있다(세 번째 이념인 박애는 이 싸움에서 밀려 났으며, 단지 자기편이 아닌 사람들과의 싸움에서 유용하게 쓰이는 단결이라는 형태로 주로 드러나고 있다). 결국 자유와 평등은 나폴레옹의 절대 왕정에 의해 짓밟히고 만다. 자유Freedom from에 관한 영국의 역사는 권력이 행사되는 양상과 지배 구조에 대하여 문제를 제기함으로써 앞에서 말한 개인의 자유Liberty to 구현을 추구하는 대륙의 움직임과는 달랐다. 영국에서의 자유는 네덜란드의 경우처럼 주로 기성 교회에서 이탈하여 양심의 인도에 따라서 하나님을 섬기겠다는 이탈자들에게서 비롯되었다. 즉 신앙에 그 기원을 두고 있다는 것이다. 그러므로 위대한 네덜란드의 사회철학자는 국가를 공동체들의 공동체로서 강조한 다른 어떤 사람들과 다른 무엇을 지니고 있다.[42)]

기독교의 민주주의란 개인들의 민주주의가 아니라 인격체들의 민주주의라야 한다. 인격체들이 추구하는 자유의 표현과 활동의 장이 되는 소규모 공동체들을 용납할 뿐 아니라 격려하는 민주주의가 되어야 한다. 그리고 그 구조는 이러한 목적을 위해 봉사하는 것이어야 한다. 파시즘은 부분적으로는 이러한 이념을 가지고 자신을 정당화하여 승리를 거두었다. 이런 이념은 참된 자유를 뒷받침하기보다는 그에 반하여 큰 죄를 저질렀다. 하지만 루소를 비롯하여 칼 마르크스와 그를 추종하는 공산주의자들에 이르는 민주주의 운동의 물질적이고 기계적인 성향들 속에서는 그들에 대항하는

---

42) 이 위대한 철학자란 기에르케(Gierke)에게 영감을 준 알타시우스(Althasius)를 말한다. 1557-1638년에 걸쳐 살았던 인물이므로 그보다 유명했던 그로티우스(Grotius, 1583-1643)와 동시대인이다. 그로티우스는 국제법의 확고한 토대를 세우기 위해서 알타시우스와 같은 이념을 이용했다. 졸저 *Christianity and the State*(Macmillan)를 볼 것.

행동을 정당화시켜주는 이념이 되기도 했다.

영국이라는 나라가 민주적인 관행들에 의해 생겨난 모임들에 의해 얼마나 큰 혜택을 보고 있는지는 가늠하기 조차 어렵다. 그런 모임들로는 예전의 노동 길드가 있었고, 개인주의자들이 이 노동 길드를 점령하여 해체시킨 이후에는 노동조합이 있었으며, 17세기부터는 국교에 반대하는 모임들이 있었다. 영국의 노동운동의 지도자들 대부분은 지방의 설교가로서 대중 연설의 기술을 습득했다. 그리고 지역 교회의 자치 단체는 민주주의 절차를 배우는 훌륭한 학교가 되었다. 영국의 '좌익'이 이처럼 민주적 원칙과 양심에 따른 하나님 공경의 결합을 늘 지켜왔던 것은 결코 아니다! 하지만 그 뿌리는 분명히 거기에 있다. 그리고 자유에 관한 영국의 전통은 인간 보다는 하나님께 대한 복종을 요구하는 그런 요소가 더 많았으며, 다른 대부분 나라의 민주주의 전통보다는 단순한 자기주장의 요소가 적은 것으로 생각된다. 자기주장적인 요소는 도덕적으로는 악이며 정치적으로는 재앙이다. 이런 자기주장에 토대를 두고 있는 자유는 단지 이기심을 채우는 기회일 뿐이며 무정부 상태를 거쳐 국가의 붕괴를 초래하게 된다. 인간이 아닌 하나님에게 복종하라는 요구는 의무에 대한 소명감을 불어 넣어주기 때문에 도덕적 힘의 원천이며, 동시에 자유를 단체 전체를 위해서 사용하게 하는 정치적 안정의 원천이기도 하다.

3. 헌신과 봉사

사회생활의 원칙이 되는 자유와 동료애의 결합체는 봉사의 의무를 발생시킨다. 이런 사실이 개인들과 관계되는 경우에 아무도 이의를 제기하지 않는다. 실제로는 어떻게 행동하고 있든, 우리 모두 입으로는 이 원칙에 대해 많은 말을 하고 있다. 개인에 대한 이 원칙의 적용은 분명하다. 이 원칙은 두 가지 측면, 즉 일과 여가라는 측면에서 개인에게 영향을 미친다. 영국에서는 많은 사람들이 여가 시간을 활용하여 자원봉사 활동에 참여하고 있다. 그리고 사람들은 더 많은 자원봉사 활동을 원한다. 그리고 기독교 교회들로부터 얻는 것보다 더 많은 자원봉사 활동을 기대할 권리도 있는 것이다. 하지만 사회봉사 부분에서 필요한 매일 매일의 힘든 일의 대부분은 기독교 신앙의 정신에 따르는 남녀 기독교 신자들에 의해 이루어지고 있음은 분명한 사실이다. 우리는 더 많은 활동을 원하지만 실제로 이루어지는 활동 중에서 큰 몫은 기독교 신자들이 맡고 있다. 실제로 사람들은 직업을 가질 의무가 있다는 사실을 잘 인식하지 못하고 있다.

사람들은 직업을 통해서 생활을 유지하며 봉사와 헌신을 할 수 있는 터전을 가지게 된다. 직업을 가지는 일은 두 가지 방식으로 이루어진다. 어떤 젊은이들은 자신들의 삶을 영위하기 위한 그런 종류의 일을 선택한다. 이처럼 이기적인 생각으로 직업을 선택하는 것은 아마도 모든 젊은이들이 범할 수 있는 유일한 큰 죄일 것이다. 이런 행동은 시간과 정력의 큰 몫을 하나님께 바치기를 의도적으로 회피하는 것이기 때문이다. 그렇다고 해서 자신의 성향을 무시해야 된다는 말은 아니다. 대개 성향은 소명을 찾는 올바른 길잡이가 된다. 우리는 잘 할 수 있는 것을 좋아하기 때문이며, 자신의 취향과 재능을 최대한 발휘하기 위해서 최대한 노력해야 되기 때문이다. 하지만 자신의 성향에 이끌려 교사직이나, 상업이나,

다른 어떤 일을 택하는 젊은이는 성향 때문만이 아니라 그 분야에서 자신이 최선의 헌신을 할 수 있다는 이유 때문에도 일을 택해야 한다. 이는 그 일을 하는 젊은이의 정신에 큰 영향을 미치며, 함께 일하는 사람들과 다른 사람들과의 관계에 막대한 영향을 준다. 이런 사실을 현대의 상업 활동에 적용시킬 수 없다는 말은 옳지 않다. 오늘날 많은 사람들이 상업에 종사하고 있으며, 또 많은 사람들이 산업체의 지도자로 일하고 있다. 그들은 이러한 봉사 정신으로 자신의 일에 투신하여 일 안에서 기독인의 정신을 지켜나가고 있다. 하지만 선택의 여지가 별로 없는 사람들도 많다. 선택할 수 있는 길이 하나밖에 없거나 직업 안정국이 제시하는 일을 받아들일 수밖에 없을 수도 있다. 그런 사람들이 일상의 일 안에서 진정한 소명을 발견하기란 더욱 어렵다. 하지만 불가능한 것은 아니다. 성향과 아울러 환경도 하나님의 부르심이 인간에게 전달되는 통로가 된다. 그리고 때로 하나님은 인간을 자기성취로만이 아니라 자기희생으로도 부르신다(모든 종교와 윤리체계들의 가르침 중에서 오직 기독교만이 가르치듯이 자기희생은 결국 가장 참된 자기성취이다. 그러므로 어째서 사랑의 하나님이 인간을 자기희생으로 부르시는 일이 일어나는지를 설명할 수 있게 된다). 자신이 얻을 수 있는 직업이 아무리 하기 싫고 무미건조한 일이라고 하더라도 하나님의 부르심으로써 받아들일 수 있으며, 따라서 봉사의 정신으로 그 일에 뛰어들 수 있는 것이다. 물론 그렇다고 해서 다양한 삶을 영위하는 수 많은 사람들에게 자신의 모든 일을 부르심으로 받아들이고 진정한 소명으로 인정하고 따르라는 은총의 기적을 요구하는 사회질서가 정당하다는 것은 아니다. 하지만 내 소명의 원천이 내가 아니라 하나님 안에 있다는 사실은 인정해야 한다. 그것은 하나님이 나를 부르시는 것이다. 그리고 인간의 모든 행함 안에서 소명의식을 창조하고 보존해야 한다는 의미는 자기희생을 통한 자기표현이나 자기성취를 찾는다는 뜻을 포함한다. 오히려 첫째로는 그것이 흥미 있는 일이건 무미건조한 일이건 '주님을 위한 일'로써 행해야 한다는 것을 의미하며, 둘째로는 대안을 제시하게 될 때 대안은 진정한 은총의 기적과는 별도로 그 일을 이겨내고 성취할 수 있는 가능한 것이어야 한다. 기독교가 옳은 종교라면, 인간의 정책이나 직업 수행에 있어 봉사와 헌신의 원칙을 따라야만 하는 것은 개인에 국한된 일이 아니다. 인간의 모든 모임들도 마찬가지로 그래야 한다. 여기에 해당되는 규칙은 광의의 충실성으로 협의의 충실성을 견제해야 한다는 원칙이다.

  한 인간은 가족·국가·인류의 구성원이다. 한 인간이 인류 전체를 위해서 직접적으로 봉사하는 일은 매우 드물다. 우리는 가까운 관계를 맺고 있는 사람들로 이루어진 인류의 부분들에게 봉사함으로써 인류에게 봉사하는 것이다. 협의의 충실성은 대개 광의의 충실성보다 더 강도가 높기 때문에 더 큰 헌신과 노력을 요구한다. 하지만 광의의 충실성의 우선적인 요구를 인식함으로써 더 깊고 좁은 충실성에 제동을 걸어야 한다. 그러므로 자기 가족의 복지를 위해서 최선을 다하는 것은 정당한 일이지만 국가에 해를 끼치면서까지 가족에게 봉사해서는 절대로 안 된다. 자기 나라를 위해서 최선을 다하는 것은 정당하지만 인류에게 해를 끼치면서 하는 것은 부당하다. 물론 이러한 요구들 간의 분명한 충돌은 기독교의 가치 기준들을 완벽하게 받아들인다면 일어나지 않을 것이다. 기독교의 가치척도 안에서는 큰 희생을 요구한다고 해도 봉사가 가장 높은 가치이기 때문이다. 하지만 이러한 엄격한 법을 실제로 적용할 수 있는 사람은 없으며, 자신이 이처럼 부족한 사람이라는 사실과 그런 부족함의 이유를 인식하는 것이 가장 중요한 일이다. 순수한 기독교의 가치척도를 가지고 자신의 가족과 나라를 위한 봉사를 통제하기란 불가능하다. 우선 그런 가치척도를 실제로 받아들이지 못하기 때문이다. 둘째로는 그의 가족과 나라가 그것을 받아들이지 않기 때문이다. 높은 기준을 자신이 아닌 남에게 적용하려 드는 것보다 더 큰 폭력은 없다. 자기 자녀들에게 "나는 너희들 교육을 위해서 비싼 값을 치를 수도 있다. 하지만 너희들을 무료로 가르치는 초등학교에 보내기로 결정했다. 내가 믿는 기독교의 원칙에 따르면 부를 빙자해서 특권을 누려서는 안되기 때문이다"라고 말한다면 그 사람은 평생동안 돈으로 살 수 있는 가외加外의 것들을 사서 비축하는 일은 절대로 하지 않는다는 것을 보여 주어야 한다. 그렇지 않다면 그는 인색한 사람일 뿐이며 자신의 행동에 대한 설명은 위선이거나(요즘 우리들이 부르는 이름으로) '합리화'에 불과할 것이다.

 오늘날 기독교의 기준을 자신에게 적용하는 사람은 없다. 그리고 나사렛의 예수가 그 기준을 자신에게 적용했다는 사실은 그와 다른 사람들 사이에 깊은 골을 새겨 놓는다. 완벽한 기독교 신자만이 순수한 기독교 생활방식을 따를 수 있다. 불완전한 기독교 신자, 말하자면 실제로 현존하는 모든 기독교 신자는 자신의 성격이 지지하지 않는 그러한 행동 노선을 따르도록 자신에게 압박을 가한다. 하지만 이것은 자신과 이웃에게 좋지 않은 영향을 미친다. 자신에게 좋지 않은 영향을 미치는 것은, 그러한 억압은 자기 의지의 주장일 수 있으며 자기 삶의 중심으로서 자기 자신 안에 즉 자신의 원죄 안에 전보다 더욱 단단히 뿌리 내리게 하기 때문이다.

그리고 다른 한편으로는 그 사람을 바리새인이며 잘난체하는 사람으로 보이게 하고, 자기 행위의 한 부분을 이끄는 기준으로서 자기 스스로 옳다고 생각하는 그 기준으로부터 사람들을 소외시킴으로써 해를 끼친다. 그 어떠한 것들이라도 모두 다 끌어들이지 않는다면 『기독시민의 사회적 책임』에 관한 이 책을 쓰는 것이 매우 어려운 일이라는 생각이 든다. 지금은 단지 한 가지 이야기를 되돌아 보는 것으로 만족하고자 한다.

어느 날 어떤 사람이 성 아우구스티누스에게 "제가 구원을 받으려면 무엇을 해야겠습니까?" 하고 물었다. 그러자 그가 대답했다. "하나님을 사랑하고, 당신이 좋아하는 일을 하십시오." 물론 그 사람이 하나님을 사랑한다면 그는 올바른 일을 좋아할 것이며 그런 일을 할 수 있을 것이고, 만일 그 사람이 하나님을 사랑하지 않는다면 아무리 하려고 해도 그런 일을 할 수 없을 것이기 때문에 그렇게 대답했던 것이다. 하지만 사람이 생각해야 하는 것은 자신의 기독교 신앙이 지니고 있는 결함만이 아니다. 그는 자신의 기준을 다른 사람들에게 강요해서는 안 된다. 다른 사람들은 아직 그런 기준을 받아들이기를 원치 않으며 또 받아들일 수도 없다. 그것을 자유롭게 받아들여야 한다는 그 사실이 바로 영적인 믿음의 핵심이기 때문이다. 어떤 사람이 자녀를 가르치면서 아이들 사이에서 일반적으로 받아들여지지 않는 기준들을 적용한 나머지, 아이들이 스스로 그것들을 받아들이게 하는 일에 실패한다면 그 결과 아이들은 아버지와 아버지의 기준들로부터 소외감을 느끼게 될 것이다. 이것은 기독교의 기준으로써 우리의 행동을 다스려야 한다는 주장에 따르는 난점들을 분명히 보여주는 경우이다. 물론 이런 기준이 우리의 행동을 통제해야 한다. 하지만 그것은 먼저 우리의 영혼을 다스려야 한다. 그리고 그런 경우에 있어서도 기준을 올바르게 표현하고 그에 따른 결과를 보장할 수 있는 방식을 따라야 한다. 그러므로 우리가 기독교의 기준을 동료들을 대하는 방법의 지침으로 받아들이기 위해서 더 많은 노력이 필요하다는 것을 이해할 수 있다. 기독교의 기준이란 자기희생을 포함하는 봉사와 헌신이 우리의 가장 진정한 행복이라는 것이다. 사람들로 하여금 가능한 이 기준을 실천하게 해야 하며, 자신의 그런 일에 다른 사람들을 초대하도록 해야 한다. 하지만 그 기준을 자신의 동료에게 강요하지 말아야 한다. 최소한 자신에게 의존하고 있는 사람들에게는 그러지 말아야 한다. 자신이 그런 마음을 지니고 있다면 언제든지 그렇게 행동할 수 있는 기회를 가지게 될 것이다. 이런 문제들에 관한 일반적인 규범은 그야말로 일반적인 것이어야 하며, 우리가 나아가야 할 방향을 제시하는 수준을 넘어서는 안 된다. 우리는 먼저 자신에게 가장 가까운 공동체를 위해서 봉사해야 하며, 그 구성원들이 기꺼이 받아들이는 것을 그 공동체 복지의 기준으로 받아들여야 한다(그렇다고 하더라도 그 기준이 그들을 온전한 기독교의 관점에 가깝게 이끄는 것이 되도록 노력해야 한다). 하지만 광의의 봉사로 이러한 협의의 봉사를 통제함으로써 작은 공동체를 위해 봉사하며 큰 공동체에 해를 끼치는 일이 없도록 해야 한다. 하지만 각각의 작은 단체의 구성원으로서 예를 들자면, 기독교 노동조합원이나 경영자, 또는 학교의 책임자로서 - 그 행동과 정책 결정에 참여함으로써 - 자신이 속한 단체가 스스로 봉사의 원칙을 받아들이도록 최선을 다해야 하며, 단체 구성원들이 자기 이익만이 아니라 그 단체가 속한 더 큰 공동체의 이익도 함께 추구하는 방향으로 나아가도록 애써야 한다.

자유, 동료애, 헌신과 봉사 이것은 기독교 사회질서의 세 원칙들이다. 이 원칙들은 인간이 하나님의 자녀이고 하나님과의 영원한 동료애를 누리는 삶을 살아갈 운명이라는 매우 심오한 기독교의 공리에서 파생되어 나온 것이다.

제 6 장
자연질서와 원칙들의 우선순위

　지금 우리에게 절박하게 필요한 것은 사고의 일반적 체계 혹은 지적 체계에 관한 전체적인 그림이다. 이런 체계는 몇 가지 원칙들 모두를 완전히 실현하는 것이 불가능할 때, 그 중 어떤 원칙이 우선되어야 하는가를 판단할 수 있게 해준다. 하지만 대개의 경우 이런 부분에 있어서 우리의 임무는 하나의 원칙을 채택해서 그것을 깊이 파악하는 일이 아니라는 사실을 인식하는 것이 큰 도움이 된다. 흔히 논쟁가들은 논리나 일관성이라는 이유로 그런 택일을 요구한다. 하지만 건전한 논리가 가장 먼저 요구하는 것은 얼마나 많은 원칙들이 관련되어 있고 어떻게 해야 그 모든 원칙들을 가장 공정히 다룰 수 있는지를 생각하는 것이다. 따라서 만일 우리가 기회의 평등에 찬성한다고 말하면 어떤 사람들은 분명히 이렇게 말할 것이다. " 좋습니다. 하지만 일관성을 가지려면 가정을 해체해야 될 겁니다." 물론 가정 안에서 자라나는 우리 자녀들이 평등한 기회를 부여받지 못할 터인데, 어떤 가정들은 자녀들의 지능이나 다른 흥미를 촉진시켜 주는 반면에 다른 가정들은 그런 것들을 질식시켜 버리기 때문이다. 하지만 기회의 평등이란 젊은 시민들을 훈련시킴에 있어 실현되어야 할 여러 원칙들 중에서 하나일 뿐이며, 정말 해야 할 일은 가능한 모든 원칙들을 확인하고 그것들을 최대한 완전한 형태로 결합해 내는 것이다.

앞의 두 장에서의 논의에서 기독교의 사회 원칙들 중에서 가장 중요한 두 원칙인 정의와 사랑을 언급하지 않았다는 사실에 대해 비판이 있을 수 있다. 그러나 이 두 가지는 다른 질서를 위한 원칙들이다. 이 두 가지는 사회질서 안에서 앞에서 기술한 원칙들을 통제하는 역할을 한다. 사랑이 기독교의 가장 우월한 생명력이어야 하며, 사회조직 안에서 드러나는 사랑의 가장 우선적인 형태가 바로 정의라는 것은 자명한 사실이다. 때론 이러한 진리가, 소위 전체적이고 직접적으로 사랑을 적용하려는 사람들에 의해서 무시되고 있음은 두말할 것도 없다. 그리고 어떻게 해서 이러한 일이 일어나는지를 파악하는 것은 어려운 일이다. 노동조합과 경영자 협회가 파업이나 직장폐쇄를 목전에 두고 협상을 벌이고 있다고 생각해 보자. 노동조합은 사랑의 정신으로 움직여야 한다. 물론 그렇다. 하지만 누구를 향한 사랑인가? 노동자들을 사랑해야 하는가 아니면 고용주들을 사랑해야 하는가? 물론 양측 모두를 사랑해야 한다. 하지만 이런 것은 어떤 조건을 제시하고 받아들여야 하는가를 결정하는데 별 도움이 되지 않는다. 사실은 단지 완전한 사랑이 발휘되지 않기 때문에 이러한 문제들이 생겨나는 것이다. 바로 이런 이유 때문에 양측이 자신들의 죄를 고백하지만 여전히 문제는 해결되지 않고 있는 것이다. 실은 사랑이란 정의를 통해서 가정 먼저 표현되는 것이다. 산업 분쟁 분야에서 정의란 실제로 양측이 가장 공정한 법정에서 자신들의 권리를 강력하게 주장하며 그 법

제 6장 자연질서와 원칙들의 우선순위

정의 결정을 받아들이는 것을 의미한다. 이러한 정의는 적어도 양측을 동일한 수준에 서게 하며 그만큼 " 네 이웃을 네 몸같이 사랑하라" 는 명령에 따르는 것이다. 하지만 사랑은 오직 정의를 통해서만 표현된다고 했다. 그러므로 사랑은 주먹구구식 방법으로 그것을 실제 상황에 적용시키고자 하는 어떤 정의도 내릴 수가 없는 것이다. 플라톤의 공화국을 읽은 사람들은 그 책이 노련한 변증법으로 이상한 결론을 이끌어내고 있다는 사실을 기억하겠지만, 그렇다고 해도 각자의 몫을 나누어 주는 것이 바로 정의라고 하는 옛 공리는 그런대로 옳다고 할 수 있다. 하지만 각 사람의 몫이란 과연 무엇인가? 어떻게 그것을 판단할 수 있는가? 전쟁 시기에는 생활비용이 증가한다. 이런 비용 증가에 상응하는 임금상승 요구가 생겨나게 된다. 이런 요구가 옳은 것인지, 옳은 것이라면 얼마나 올려야 하는지 어떻게 결정할 것인가? 우리는 평등한 희생의 원칙을 적용하려 한다. 하지만 희생의 양을 어떻게 측정할 것인가? 어떤 사람은 알지 못하는 중에 돈을 손해 볼 수도 있고, 다른 어떤 사람은 장애를 입을 수도 있다. 숫자적인 평등보다 낫긴 하지만 숫자적인 균형도 여전히 만족스러운 것은 못된다. 이 문제를 해결할 수 있는 유일한 길은 문제 전체를 파악할 수 있는 공정한 사람에게 맡기고 그의 판단을 믿는 것이다. 그의 판단은 계산에 의한 것이라기보다는 느낌에 의한 - 물론 훈련된 정신에 의한 느낌이다 - 것이다. 그러므로 사랑과 정의라는 이 위대한 두 원칙들은 사회정책을 직접적으로 이끄는 것이라기보다는 다른 원칙들을 적용하는 과정을 통제하는 원칙들이어야 한다. 그러므로 이 두 원칙들은 정책에 대한 견제로서 우리의 정신에 끝없이 살아 있어야 한다. 광의의 충실성으로써 협의의 충실성을 통제해야 하기 때문에 이 지고

한 두 원칙들로써 낮은 원칙들의 적용 과정을 통제해야 한다. 사랑을 해치는 방식으로 자유를 추구해서는 안 되며, 정의를 해치면서 봉사를 요구하거나, 어떤 실제적인 상황에서 형제애를 키우기 위해 정의를 훼손해서도 안 된다. 예전의 기독교 사상가들은 자연법이라는 개념을 무척 많이 이용했다. 그들이 말하는 자연법이란 현대 과학자들이 말하듯이 많은 자연 현상에 대한 관찰 결과를 일반화하는 것을 의미하는 것은 아니었다. 그것은 자신의 본성에 대한 숙고를 통해서 이해하게 된 인간 활동의 올바른 기능을 뜻하는 것이다. 실제로 자연질서 또는 자연법은 일반적으로 받아들여진 판단 기준들에 대한 관찰을 통해서 그 일부를 얻을 수 있고, 또 다른 일부는 탐구의 주체가 되는 것들이 지닌 올바른 기능들에 대한 고찰을 통해서 얻을 수 있다. 이것이 인간 이성의 임무이다. 하지만 이성이 사물의 본질과 관계들에 대한 진리에 도달할 수 있게 해주는 만큼, 그것을 하나님의 정신 안에 있는 것으로 볼 수 있게 해준다. 따라서 그것은 초자연Supernatural질서가 아니고 자연Natural질서이며, 우리의 관심사는 바로 이 자연질서이다. 하지만 하나님은 창조주이시기 때문에 이 자연질서는 그분의 질서이고 그 법은 그분의 법이다. 따라서 경제분야에 있어서 재화들을 생산하는 이유는 그 재화들을 소비하려는 인간들의 욕구를 충족시키기 위한 것이다. 생산은 그 자체의 자연법에 따라서 소비를 위해 존재한다. 그러므로 만일 생산이 소비자들의 욕구보다는 생산자의 이윤을 위해 통제되는 그런 체계가 생겨난다면 그것은 자연법 또는 자연질서를 무시하는 체계가 된다. 그런 이유이 잘못된 것은 아니다. 생산자와 노동자가 자신들의 생활 수단으로서, 공동체에 대한 봉사를 통해서 이윤을 추구할 권리가 있다는 사실은 늘 인정되어 온 것이다. 나아가 소비자들의 욕구를 총족시키지 않는다면 이윤도 있을 수 없다. 하지만 이 양측이 그릇된 질서 안에 빠져들게 되어, 그들의 이익이 모든 과정의 진정한 목적이 되는 사람들로서 소비자들을 대하지 않고 오직 이윤만을 추구하는 기업이 성공하기 위한 필요조건 정도로 취급해서는 더 더욱 안 된다. 만일 경제과정이 동떨어진 과정이라고 한다면 그래도 큰 차이는 없을 것이다. '자연질서'를 위배했다는 이유로 비난을 받고 있는 한 체계가 상당히 많은 사람들에게 높은 생활수준을 제공하는 일에 있어서는 지극히 효과적인 경우를 생각해 볼 수 있다. 현재 영국에 존재하는 자본주의 형태가 '자연질서'를 훼손하는 것이든 그렇지 않든 이전에 존재했던 다른 어떤 형태보다도 대중들에게 물질과 재화를 더 많이 향유하게 한다는 차원에서 높은 생활수준을 제공하는 것만은 분명하다. 나아가 다른 어떤 체계도 현대 과학이 제공하는 새로운 힘들을 이처럼 빠르게 또 멀리까지 발전시킬 수는 없었으리라는 것도 거의 확실하다.

　인간의 경제활동을 하나의 독립적인 영역으로 취급하여 재화의 생산과 분배과정에서의 효율성이라는 그 자체의 법규로만 판단한다면 자연질서나 자연법상의 개념들을 근거로 하는 어떤 비판도 지나치게 학술적이고 동떨어진 것으로 보일 것이다. 그러나 이 체계가 분배면에 있어서는 실패에 직면하고 있다는 징조가 분명히 나타나고 있다. 우리는 다음 장에서 사회질서에 대한 우리의 보편적인 이해를 활용하면서 이 문제를 다시 짚어볼 것이다. 이런 보편적인 이해는 우리의 사회질서를 평가하는 한 가지 비평법이라고 할 수 있다. 그리고 이 체계가 그 자체의 고유한 논리 발전에 의해서 자신의 붕괴를 향해 나아가는 것이 사실이라면, 그것은 자연질서가 존재한다는 사실과 우리의 체계가 부분적으로는 그 자연질서를 어기고 있다는 두 가지 사실에 대한 분명한 증거가 될 것이다. 하지만 자연질서를 신봉하는 사람들은 또 다른 비장의 무기를 가지고 있다. 그들은 인간의 경제활동이 고립된 것이고 오직 그 자체의 법에 의해서만 판단해야 한다는 사실을 받아들이지 않기 때문이다. 다른 모든 분야들이 그렇듯이 경제분야에도 실제로 기술적인 자율성이 존재한다. 그리고 관세 부과가 물가를 인상시킬 것인가 하는 문제의 경우에서처럼, 어떤 경제 개혁안이 가져올 경제적 효과에 대해서는 신학도 윤리도 판단을 내릴 수 없다. 원인과 결과의 영역 안에서 경제학은 자율적이다. 하지만 자연법에 따르자면 경제 과정은 그 자체가 목적이 아니며, 경제 과정과 그 모든 부분들은 일차적으로는 경제보다 훨씬 더 중요한 어떤 것, 즉 인간 삶의 수단이 되는 것이다.

인간이 아무리 여러면에서 자신의 운명을 굴절시키고 있다고 해도, 여전히 하나님의 자녀이며, 그분과의 영원한 친교를 누릴 운명을 지니고 있다. 나아가서 하나님의 자녀인 모든 남녀는 한 가족의 일원들이며, 더욱 넓고, 깊은 동료애 안에서 개인적으로 겪는 더욱 풍요로운 체험의 발전이 그들의 참된 발전이라고 할 수 있다. 따라서 한 경제체계가 재화를 생산하고 분배하는데 상당히 효과적이기는 하지만 인간 간의 분열과 적대감을 만들어내고 키워간다면, 그리고 인간을 비인간화시킨다면 그 체계는 재화 생산의 실패와 같은 경제적인 이유에서가 아니라 그릇된 인간관계의 근원이 되는 도덕적인 이유로 비난을 면치 못할 것이다.

자연법이라는 오랜 개념은 봉건주의 사회와 농노제 사회와 특수한 관계를 맺고 있었다는 사실 때문에 우리는 자연법에 대한 신뢰

를 많이 잃었다. 이제 그러한 사회 형태들은 사라졌지만 그 중요
한 원칙들은 아직도 살아 있다. 그 중에서 중요한 원칙들이라면 같
은 신분 간의 긴밀한 연합, 그리고 부에 의한 신분과 사회적 역할
의 부여 등을 들 수 있을 것이다. 모든 사람들은 이러한 틀 안에서
각자의 지위를 차지했다. 그 지위는 자유가 거의 없는 농노의 불안
정한 위치일 수도 있었고, 봉사를 하거나 요구받는 위치에 있음으
로써 누리는 영주의 지위일 수도 있었다. 오늘날처럼 많은 토지나
기업체의 지분을 물려받은 사람들이 휘두를 수 있는 책임 없는 권
한은 인정되지 않았다.[43] 하지만 당시의 현실에서 그런 기본 원칙
들은 이면에 감추어져 있었다. 따라서 도시 문명이 옛 농업 문명에
맞서 그것을 압도하게 되었을 때, 그리고 그 압력 아래에서 칼빈
이 고리대금을 조건부로 인정하게 되었을 때, 옛 원칙들은 급속히
잊혀지고 말았다. 그리하여 오늘날 우리는 이러한 원칙들과는 전
혀 동떨어지게 발전해 온 세계 안에서 다시 그런 원칙들을 주장해
야 하는 어려움에 봉착한 것이다. 따라서 자연법의 개념으로 되돌
아가는 것은 매우 바람직한 일이다. 하지만 자연법은 진리의 두 측
면을 동시에 담고 있기 때문에 이상과 실제라는 이 두 측면을 조화
롭게 지켜나가는 것은 어려운 일이다. 우리는 이 둘 중에 어느 한
쪽만을 따라가는 경향이 있다. 순수한 이상적 개념에서 출발하는
경우에는 사랑에 대한 공허한 이야기를 장황하게 늘어 놓는다. 그
렇지 않고, 있는 그대로의 이 세상에서 이곳저곳을 고쳐나가겠다
는 희망을 가지고 출발하게 되면 진보에 대한 방향감각이나 기준
을 가지지 못하게 된다. 자연법은 인간의 다양한 행위들 사이의 올

---

43) The Crothers of Bankdam을 읽은 사람들은 그 가문 큰 집 사람들의 행동을 생
각해 보라.

바른 혹은 이상적인 관계와 관계 안에 속한 이들 서로간의 관계에 대한 개념을 형성하도록 도와준다. 한 개체의 사회적 위치를 생각할 때, 그 행동이 지닌 사회적 기능에 비추어 생각하게 되면 이상적인 면과 실제적인 면을 모두 놓치지 않을 수 있다. 그러므로 우리는 생산이 소비를 위해 존재한다는 진리와, 생산자가 이윤을 남기지 못하면 생존하지 못한다는 또 다른 진리 둘 다를 모두 인정해야 한다(사회적 차원에서 볼 때 생산 원가나 그 이하로 공급하는 것이 바람직한 그런 물건들이 있을 수 있다. 그런 경우에 국가는 소유권을 가지거나 그렇지 않든 보조금을 제공해야 할 것이다. 예를 들면 제철에 나는 상하기 쉬운 과일 같은 상품들을 위한 낮은 운임의 운송수단을 제공하는 일은 모두에게 도움이 될 것이다. 하지만 누군가는 대가를 지불해야 한다. 만일 이익을 보는 것이 전체 사회라면 사회 전체가 지불해야 한다). 어떤 일을 수행하는데 있어서 그 목적보다는 그 필요조건을 충족시키는 것이 더욱 필수적이라는 사실은 늘 진리이다.

생산자에게 이윤이 없다면 생산은 멈추게 되는 반면에, 상대적으로 소비자의 이익은 덜 존중되더라도 생산은 여전히 계속될 것이다. 국가가 생산을 맡는 경우에, 한 부분의 손실을 다른 영역들에서 얻는 이윤으로 보전할 수는 있지만, 국가로서는 전체 이윤을 내야 하는 것이 사실이다. 그러므로 다음과 같이 입장을 정리할 수 있을 것이다. 경제적 생산을 위해서는 반드시 이윤이 있어야 하며, 소비자의 이익도 존중되어야 한다. 그러므로 합리적인 수준을 넘는 이윤을 내기 위해 소비자의 이익을 희생시키는 것은 옳지 않다. 이러한 입장은 경제와 인간의 문화적 삶이 지닌 관계를 고려한 것이다. 경제가 더 필수적이기는 하다. 굶주리고서는 시를 쓸 수도 즐길 수도 없을 것이다. 하지만 경제는 문화를 돕기위해 존재하는 것이다. 삶을 위해서 필요한 음식, 집, 옷, 가구 같은 모든 것들은 개인의 삶, 가족의 삶, 문화 발전 그리고 이러한 것들로 인해서 가능해지는 인간의 동료애들을 위해서 필요한 것이다. 오직 수단일 뿐이지만 필수적이다. 삶의 참된 목적이 그에 우선할 수 있다. 하지만 수단은 수단이고 목적은 목적으로 남아 있어야 한다. 그리고 수단(산업, 상업 등)은 종교, 예술, 학문 그리고 무엇보다도 행복한 인간관계들로 이루어진 인간 삶의 참된 목적들을 촉진시키고 수월하게 해주는가에 따라 판단을 받는다. 자유와 질서의 관계도 마찬가지이다. 질서는 자유의 토대로써 가치가 있다. 질서가 잘 잡힌 사회 안에서만 그 구성원들이 진정으로 자유롭다. 거리에 노상강도들이 들끓는다면 자유롭게 여행할 수 없을 것이다. 자유는 질서보다 좋은 것이지만 질서가 자유보다 더욱 필수불가결하다. 만일 자유가 지나쳐서 무정부 상태나 혼돈 상태에 이르게 된다면 인간은 언제나 질서가 회복되기를 바라는 마음에서 독재를 선택할 수 밖에 없게된다.

 보수적인 성향은 필수불가결한 것에 집착하는 경향이 있고 이로써 그것이 안전하게 지켜질 수가 있다. 급진적인 성향은 삶의 더 고결한 목표들에 집착하는 경향이 있으며 그럼으로써 이러한 목표들이 촉진될 수 있다. 세상에는 이 둘이 모두 필요하다. 하지만 지혜란 이 둘을 잘 결합시키는 것이다. 자연법이라는 개념이 가지고 있는 큰 이점은 모든 행동을 삶이라는 영역 전체의 배경 안에서 생각하게 해주는 것이다. 그럼으로써 아직 완전히 도달하지 못한 더 높은 목표들을 향해 나아가는 의무를 수행함에 있어서 필수적인 것들이 지닌 절대적인 중요성을 파악할 수 있게 해주는 것이다.

제 7 장
기독신앙의 실천을 위한 경제·사회원칙

 지금까지 우리는 이 시대의 사회·경제 문제들을 다루는데 따라야 할 원칙들이 무엇인지를 분명히 하기 위해 전반적인 고찰을 해왔다. 2차 세계대전 전에도 이런 문제들은 상당히 심각했지만 전쟁으로 인해서 급작스럽게 더욱 절박해졌다. 전쟁이 끝나면 국채의 이자는 무거운 부담이 되어 국가재원의 손실 요인이 될 것이다. 그리고 많은 도시들의 파괴된 지역들을 재건하고, 계획 수립을 통해서 그동안 부여되었던 권리와 이익과 사회복지 부문을 조정해야 할 필요도 생길 것이다. 전쟁 전에 우리가 누렸던 삶의 구조는 이미 상당한 변화를 겪었다. 가능하다면 이전의 그 구조를 어느 정도까지 복구해야 하는 것일까? 그 내적인 원칙을 변화시켜야 한다면 그것은 어떤 면에서 바람직한 일일까?
 최근에 가장 널리 읽히고 있는 책들 중의 하나는 피터 두루커의 『경제인의 목표 The End of Economic Man』이다. 20세기가 시작되면서 인간의 삶은 경제적 고려에 의해 지배되는 정도에 이르렀다는 그의 말이 과장된 것인지에 대해서는 논란의 여지가 있다. 하지만 경제적인 고려들이 전에 비해서 삶의 질서 형성이나 개인욕망의 형성 면에서 예전보다 훨씬 큰 비중을 차지하고 있다는 사실에는 반론의 여지가 없다. 수력·증기력·전력의 '동력'을 산업생산에 활용하여 얻어낸 엄청난 가능성들이 인간을 매료시킴으로써 인간은 이 엄청난 대량생산의 목적이 무엇이었는지를 더 이상 묻지 않게 되었다. 생산, 그 자체가 목적이 되어가고 있는 것이다. 생산은 인간의 온전한 삶이라는 전체적인 틀(생산은 그 한 부분으로 머물러야 하지만) 안에 더 이상 종속되지 않는다. 우리를 인간 삶의 바람직한 방향으로 이끌어주는 기독교 전통의 몇 가지 원칙을 통해서 그러한 사실을 점검해 보자.

1. 1차적 사회 단위로서의 가족

이 원칙을 받아들이게 되면 곧 몇 가지 결과들이 나타난다. 이 원칙을 따르는 사회는 모든 시민들이 자신의 능력 범위 안에서 소유할 수 있도록 주택을 제공함으로써 그곳에서 가족이 건강하고 행복하게 살며, 가족의 생활 터전 안에서, 구차하지 않게 하나님의 자녀로서 인간의 합당한 존엄성을 지키며 살 수 있도록 해야 한다. 그러나 다른 재화의 경우처럼 주택의 공급은 최근까지 개인 기업에게 맡겨졌었고, 기업은 주택을 필요로 하는 사람들의 욕구를 가장 중요하게 여기지 않고, 다만 기업의 이익을 위해서 건축 사업가로서의 역할을 수행했다. 그렇다고 그 사람들을 비난할 수는 없다. 이익 그 자체는 잘못된 것이 아니며, 개인 건설업자나 기업이 생존할 수 있는 결과가 나오지 않는 한, 계속 일할 수는 없는 것이다. 하지만 그 결과는 가공할 인구 밀집 현상과 슬럼 현상을 발생시켰다. 이 문제는 건설업자의 책임이 아니라 공공의 책임이다. 우리는 이 문제에 대해서 책임을 느껴야 하지만 대부분은 아무것도 느끼지 못하고 있다. 어쨌든 이제 우리는 정부가 우선적인 책임을 지고 가족의 건강한 삶에 필요한 주택을 모든 시민들이 향유할 수 있도록 여론을 형성해야 한다. 전쟁 전에 이 문제에 관해 많은 진보가 있었지만 아직 목표에 도달하지 못하고 있다.

가족생활에는 가족 구성원들이 함께 보낼 수 있는 여가가 포함되어 있다. 오늘날, 일 자체가 너무 단조로워서 그 시간을 단축해야 하는 경우를 제외하고는 지나치게 긴 시간 동안 일을 하는 경우는 드물다. 하지만 '교대제' 근무표를 작성할 때 고려해야 할 사항들 중에서 가족을 하나의 단위로서 생각하는 일은 잘 이루어지지 않고 있다. 이 문제에 있어서 가족 단위에 대한 고려가 결정적인 것이라고는 할 수 없지만, 오늘날 산업 현장에서 그렇듯이 이 점을 망각해서도 안 된다. 더 온전하게 가족이 모여서 즐길 수 있는 시간이 주어지거나, 모든 가족에게 매우 귀중한 일요일의 시간만큼은 주어져야 한다.

휴가는 더 온전한 기회를 제공한다는 면에서 큰 의미와 가치를 지니고 있다. 하지만 돈 문제를 근심하게 된다면 필요한 만큼의 여가를 즐기지 못하게 될 것이다. 한 사람이 휴가 동안 부인과 자녀와 함께 온전히 그리고 자유롭게 즐기기 위해서 필요한 지출을 감당할 수 있을 만큼 임금수준이 높든가 아니면 휴가 동안에도 임금이 지급되어야 한다. 후자의 원칙이 옳은 원칙이다. 휴가를 단순히 일터를 떠나있는 시간으로 보아서는 안 되며 더 나은 봉사를 위해서 충전하는 시간으로 보아야 하기 때문이다. 그러므로 산업체는 휴가를 장려함으로써 이익을 얻게 된다. 유급휴가는 보편적인 원칙이 되어야 한다. 어떤 의미에서든지 낭비는 언제나 잘못된 것이지만 휴가에 약간의 돈을 쓰는 것은 전혀 잘못이 아니다. 그것은 할 수도 있는 일이 아니라 의무이다. 휴가 동안에도 급료를 지급할 뿐만 아니라 다른 시기에도 자녀들을 양육할 수 있도록 충분한 임금을 지불해야 한다. 하지만 이 문제는 정말 어려운 것이다. 자녀를 돌보는 것은 인간의 본성적인 책임이다. 하지만 미혼자도 자녀가 여섯이나 되는 기혼자와 똑같은 수준의 임금을 받아야 한다고 말하기는 어렵다. 가족수당에 관한 경제문제는 해답을 찾기가 불가능해 보인다. 물론 가족에 대한 경비는 기업이 아닌 국가가 지급해야 한다. 기업이 이런 책임을 져야 한다면 미혼자나 자녀가 없는 사람들만을 고용하려 할 것이기 때문이다. 지금 많은 자녀들이 영양결핍 상태에 처해 있기 때문에 이 문제에 시급히 손을 써야 한다. 하지만 이 주제는 가족뿐만 아니라 다음에 언급할 원칙과도 관계가 있다.

2. 인격의 신성함

현재 수립되어 있는 우리의 생활 질서는 여러 가지 방식으로 인격의 존엄성을 인정하고 있다. 다른 나라에서는 좀처럼 드문 사고와 언론의 자유가 영국에서는 법적인 제한을 받지 않는 한, 보장된다. 우리는 법 안에서 자유로우며, 소송 비용이 평등에 장애가 되는 경우를 제외하고는 법 앞에서 평등하다. 하지만 삶의 여러 부분 중에서 한 가지 큰 부분에 있어 이 원칙은 거의 인정받지 못하고 있다. 150년쯤 전에 새로운 산업이 시작되었을 때 개척자들은 공장과 제작소에서 노동을 해서 생계를 유지하는 사람들의 인격을 거의 존중하지 않았다. 그들은 흔히 '일손'이라고 불렸다. 손은 본질적으로 일하는 도구로서 전통적으로 노예를 정의하는 용어였다. 초기 공장들의 최악의 가공할 모습들은 사라졌지만 임금 노동자들은 여전히 인격적인 인정을 못 받고 있다. 한 인격체의 가장 지고한 표징은 스스로의 심사숙고한 선택을 통해서 자기 삶의 모습을 결정한다는 것이지만, 대부분의 '노동자'들은 자신들의 삶의 중요한 부분인 노동시간과 노동임금 등에 대한 기업의 통제에 전혀 발언권이 없기 때문이다. 이들이 발언권을 언제, 어떻게 찾아내야 하는지는 전문가들이 대답할 문제이다. 하지만 적어도 자본가들이 기업체를 통제하는 그 만큼 노동자들이 동등한 몫을 지니게 될 때까지는 기업체가 이 원칙을 무시하고 있다는 책임으로부터 자유로울 수 없을 것이다. 하지만 우리는 이 원칙에 관해서 더욱 깊이 있는 생각을 해야 한다.

인격적 삶의 기초는 육체와 그 힘이다. 모든 시민에 대한 인격존중이라는 관점에서, 우리는 어떤 어린이도 영양부족이나 온전한 발달 기회의 결핍으로 인해 신체기능에 손상을 입은 채로 성장하는 일이 없도록 요구한다. 이 문제에 관해서 많은 진보를 이룩했지만, 아직도 훨씬 더 많은 것들이 필요하다. 몇 해 전에 존 오어 경은 "인구의 반이 건강을 유지하기 어려울 정도의 부족한 음식으로 살아가고 있다"고 밝혔다. 그리고 어린이들이 영양실조로 시달리고 있다면 청소년들은 신체발달에 필요한 적절한 바깥 운동이 부족한 상태이다. 이러한 두 가지 현상의 결과는 단지 육체적인 것만이 아니다. 영양부족과 발달부족을 겪은 신체는 쉽게 흥분하고 잘 싸우며 방어적인 정신이 깃들게 마련이다.

　이제 우리는 이 두 가지 문제에 대해서 관심을 기울이기 시작했다. 하지만 우리는 오랫동안 이 문제들을 무시했었고, 지금 우리가 기울이는 관심에는 그다지 큰 활력이 없다. 이 시점에서 우리의 교육체계 전체에 결함이 있고 부적절하다는 점을 지적하지 않을 수 없다. 현재의 상황 속에서 우리 교육체계가 안고 있는 주된 문제점은 다음과 같은 두 가지이다. 첫째, 많은 초등학교가 안고 있는 과밀 학급 문제와 학생들의 졸업연령에 관한 문제이다. 지나치게 큰 학급 규모는 교사가 각 개인에게 적절한 관심을 기울이기 어렵게 한다. 교사는 전체 학생들의 관심을 유지시키기 위해서 엄청난 창의력과 기술을 발휘해야 한다. 교사가 학생 개개인에게 틀린 것을 바로잡아 주고 다시 해보도록 시키는 동안 다른 학생들이 스스로 공부를 한다는 것은 쉽지 않은 일이다. 이런 방법으로는 학생들의 개성에 맞는 다양한 교육을 할 수 없으리라는 것이 분명하다. 다시 말해서 교육 분야에서 개인 인격의 신성함이라는 원칙을 적용할 수 없다는 것이다. 전쟁이 끝나자마자 우리가 취해야 할 가장 시급한 개혁은 초등학교의 학급 규모를 현저하게 줄이는 일이다.

　학교의 교육연령 연장을 위한 중요한 토대는 다른 여러 가지의 고려되야 할 사항 때문에 혼란을 겪는다. 이 다른 고려될 사항들은 그 자체의 위치에서 보면 중요한 것들이지만 본질적으로는 부차적인 것에 불과하다. 그 중요한 토대란 개인 스스로 참된 몫을 가지고, 그 몫에 대한 진정한 책임감을 느낄 수 있는 사회생활 또는 공동체를 제공해 주어야 할 필요성이다. 열네 살이나 열다섯 살의 한 어린이가 사회로 나올때, 국가 공동체 또는 살고 있는 도시나 지방에 자신이 속할 수 있는 중간 매개물이 전혀 없다면, 그 아이는 자신이 이 큰 규모의 공동체 속에서 살아가는 하나의 구성원이라는 정체성을 갖기 어려울 것이다. 그 아이에게는 자기 연령층으로 구성된 사회가 필요하며, 그 사회의 활동 안에서 다른 구성원들과 동등한 몫을 맡을 수 있어야 한다. 그래야 그 사회는 그 아이의 성실성을 합당하게 요구할 수 있을 것이고, 그 아이는 사회가 자신을 원한다고 느끼게 될 것이다. 이 외의 다른 방법으로는 그 아이의 본성 속에 잠재하는 가능성을 끌어낼 수 없을 것이다. 현재 이러한 일은 자원봉사 조직들을 통해서 이루어지고 있고, 젊은 층에서 일부에게 놀랄 만큼 탁월한 방식으로 이루어지고 있다. 하지만 열네 살에서 스무 살에 이르는 젊은이들 중에서 80%는 이러한 조직과 무관하며, 어떤 경우든 이 조직들은 젊은이들의 여가시간 동안에만 활동을 할 수 있는 형태이다. 학령學齡이 연장되면 훨씬 다양한 형태의 교육이 필요하게 되고, 그 교육은 아마도 많은 학생들 대부분에게 인쇄된 매체를 통한 교육 보다 다양한 형태의 현장교육을 필요로 할 것이다. 다양한 산업분야, 특히 농업분야의 도제제도가 수립되어야 할 것이고, 지방 교육청과 그 관리들이 그 제도를 감독해야 할 것이다. 이런 일을 먼저 시작하지 않는 한, 우리로서는 이러한 다양한 커리큘럼이나 이런 커리큘럼을 다룰 교사를 양성할 기회를 가지지 못할 것이다. 우선은 부족한 설비로 시작하지만 점진적인 개선을 꾀해야 할 것이다. 젊은 시민들에게 가장 필요한 것이 그들의 시간 대부분을 함께 보낼 수 있는 다른 젊은 시민들과의 살아있는 동료애라는 사실을 받아들이게 되면 활용 가능한 커리큘럼 형태에 관한 비판은 문제의 본질과는 관계없는 일이 될 것이다.

 우리가 하나님의 자녀인 각 개인들을 진정으로 존중한다는 것을 증명하려면, 모든 어린이는 유아기부터 성인이 되기까지 이러한 사회적 배경 안에 있게 하고, 이 배경 안에서 하나님이 주신 그들의 모든 능력들을 최대한으로 발달시킬 수 있다는 사실을 직시해야 한다. 소수에게 베푸는 은전이 아니라 모든 어린이들에게 그런 기회를 제공하는 것이 시급한 국가적 의무이다. 막대한 지출 때문에 이 문제를 등한시하는 것은 국가적인 죄악이 된다.

3. 동료애의 원칙

앞의 원칙에 대한 논의에서 이미 우리는 동료애라는 문제로 들어섰다. 동료애는 인간본성이 선천적으로 필요로 하는 것인 동시에 인간에게 가장 좋은 것들을 실현시키는 수단이기도 하다. 지금까지 우리는 개인이 온전한 성숙에 도달하게 되는 또래 집단으로서 학교, 특히 중등학교에 대해서 이야기해 왔다. 이제는 같은 진리를 조금 다른 각도에서 바라봄으로써 인간의 성숙 그 자체 안에 동료애를 통한 성숙이 포함되어 있다는 사실을 주장하려고 한다. 자기 추구라는 지배적인 동기를 가지고 개인적 재능을 발전시키는 것은 개인과 사회 모두에게 상처를 입힌다. 플라톤은 이 문제를 분명하게 직시했다. 플라톤의 이상적인 공화국 안에서는 오직 도덕적인 훈련을 받은 사람들에게만 높은 수준의 지적인 교육이 허락된다. 다시 말해서 어떤 사람이 악당이 될 것 같다면, 사회를 위해서도 그 사람 자신을 위해서나 그 사람은 어리석은 상태로 머무는 것이 좋다. 후에 이웃을 괴롭히는데 자신의 지식을 사용할 사람들에게 서둘러 지식을 가르치는 것은 분명히 사회에 해악이며 그 자신에게는 더 큰 해악이 되기 때문이다. 과거 우리의 국가 제도는 이 문제에 대해서 거의 관심을 기울이지 않았다. 처음 보편 교육이 행해질 때, 그것은 거대한 건물들을 세우는 일로 시작되었다. 찰스 매스터맨은 이 건물들에 대해서 이렇게 말했다. " 이 건물들은 그 흉폭하도록 추한 모습을 지닌 대담함으로 국가가 제공하는 교육의 이점들을 웅변하고 있다." 실제로 그 건물들은 교실이 가득 들어찬 상자와 같았다. 그 교육의 전체적인 주장은, 학생들을 개별적으로 가르치려면 너무 많은 비용이 들기 때문에 모두 함께 모아서 교육을 해야 한다는 것이다. 그리고 아이들은 졸업 연령에 달한 해의 자기 생일이 되면, 학업 단계와 상관없이 학기의 첫째 주가 지난 다음 날에 자유롭게 학교를 떠날 수 있었다. 생활 공동체로서의 학교생활은 전혀 고려되지 않았다. 교사들은 오랜 세월 동안 꾸준히 이 문제를 바로잡기 위해 애썼으며, 그들이 직면하고 있는 어려움을 고려할 때 놀라운 일들을 이루어 냈다. 이제 상당히 오래 전부터 당국자들도 이 문제에 관한 올바른 시각을 가지기 시작했고, 일부는 편리함만이 아닌 아름다움까지 고려한 학교 건물을 짓기 위해 수고하고 있으며, 여러 가지 방법으로 학교의 공동체적인 생활을 뒷받침해 주고 있다. 아직도 이런 방향으로 더욱 발전해야 할 여지가 크지만, 어쨌든 우리는 올바른 방향으로 나아가고 있다. 하지만 우리의 교육제도는 크게 양분되어 있다.[44] 소위 말하는 공립학교는 오랜 역사를 통해서 강력한 단체적인 전통을 고수하고 있으며, 가난한 학생들은 접근하기 힘들다. 전체적인 교육이 사회의 부유한 부류들의 특권이 되었던 그런 시기에는 어쩔 수 없는 일이

---

44) 저자인 템풀(Temple)주교는 영국 사회의 한 전통을 이루었음에도 불구하고, 영국 사회의 고질적인 계급사회를 만드는데 기여한 사립학교와 공립학교와의 문제를 논하고 있다.

었을 것이다. 일반적으로 최상의 교육 형태라고 불리는 교육이 부모가 비싼 수업료를 낼 수 있거나 장학금을 목표로 비싼 예비학교 비용을 감당할 수 있는 그런 학생들에게만 허용되는 상황은 국가 전체의 교육과 사회생활에 큰 분열을 초래한다. 이 균열은 건전한 동지애를 파괴하는 요소가 된다. 공동체 구성원 전체가 교육을 받을 수 있게 되는 충격적인 파격의 과정이 진행되고 있다. 정신적·신체적·개인적 재능이 충분하다고 입증되기만 한다면 모든 계층의 가정 출신 학생들이 모든 종류의 학교에 입학할 수 있는 그런 발전의 시기가 무르익었다. 최근의 교육 발전 과정에서 우리는 지나치게 지적인 요소만을 강조해 왔다. 그리고 경쟁적인 시험제도는 근면하고 두뇌 능력이 있는 학생들만을 두둔하는 반면에 모든 다른 재능과 성향의 발전을 희생시켜 왔다. 우리에게는 빠른 상상력과 훈련된 지능과 아울러 잘 발달된 신체와 폭넓은 인격적 접촉과 흥미를 지닌 온전히 균형잡힌 사람들이 필요하다. 이런 여러 가지 특질을 검증하는 시험을 고안해 내는 일은 가능하며, 앞으로 학생 개개인을 가장 최선의 학교 유형에 입학시키는 문제는 이런 시험들의 결합을 통해서 이루어 질 수 있을 것이다.

집단적인 학교생활에 이처럼 큰 비중을 두게 되면, 이 집단생활 자체가 건강한 것이어야 한다는 점은 무척 중요하다. 이 점에 관해서 - 순수한 개인주의를 배제한 단체적인 생활의 단순한 현존을 위해서 - 오직 두 가지 선택만이 존재하는 것 같다. 이 강력한 집단적 생활은 하나의 틀로 작용하며 그 안에 참여한 모든 이들에게 한 가지 양식에 따를 것을 강요하게 된다. 그렇지 않다면 사람들은 이를 단지 그것보다 더 큰 어떤 것을 위한 준비 단계로 생각하고 느낄 것이다. 흔히 공립학교는 개성을 억압한다는 비판을 받는다. 이러한 비판은 표현 그대로 받아들인다면 대개 과장된 것이지만 실제로 일리가 있다. 공립학교들은 진정한 공공정신을 전달하지만 일종의 계급 기준을 근거로 삼고 있다. 이 기준은 그들의 재정적 특권에 기초를 둔 현재의 상태에 내재하고 있다. 이 학교들이 스스로 한 부류가 아니라 국가 전체에 속해 있다고 느낀다면 이런 비평은 타당성을 잃을 것이다. 하지만 한 학교 안에서 그 학교의 단체생활 자체를 목적으로 삼든 아니면 그 이상의 것을 위한 것이든, 개인주의를 배제하는 방법들을 통해서 강력한 단체생활을 발전시켜 나가는 일은 얼마든지 가능하다. 따라서 이런 학교가 추구해야 할 그 다음 목표는 한편으로는 개인의 발전을, 다른 한편으로는 세계적인 동료애를 발전시키는 것이다. 개성을 억압하지 않고 모든 동료 시민들과 나아가 다른 모든 국가의 시민들과의 연대를 창조하는 일에 성실히 매진해야 한다. 이런 이중의 역할을 할 수 있는 지원자는 오직 하나밖에 없다. 그것은 바로 기독교이다. 따라서 우리는 학교의 단체생활이 기독교의 생활원칙에 따르도록 기독교 정신을 확고히 해야 한다.

 커리큘럼에 기독교 교리를 포함시키는 것이 이러한 목표 달성에 필요한 일이기는 하지만 기독교는 그 이상을 의미한다. 규칙적인 단체 예배 시간이 있어야 하며, 학교의 분위기는 가능한 한 기독교적인 분위기이어야 한다. 공동체를 위한 봉사가 가장 명예로운 일이 되어야 한다. 그리고 학교 공동체는 그 공동체가 속해 있는 더 큰 공동체나 취약한 형편에 있는 구성원들에게 도움이 되는 봉사활동을 수행해야 한다. 기독교 교육시간과 예배시간은 의식적으로든, 무의식적으로든 학교 공동체 정신의 구심점이 되도록 전체를 이끌어 주는 시간이라고 여겨져야 한다. 그리고 이런 목표를 위해서는 학교생활을 잘 계획함으로써 기독교의 가르침과 예배가 그 중심이 되도록 해야 한다.

우리는 지금 '기독신앙의 실천을 위한 경제·사회 원칙'에 대해 이야기하고 있으므로 교육 전반에 대해 자세히 논할 수는 없다. 하지만 우리가 아이들이 하나님을 신뢰하도록 가르치지 않고 있다면, 그들의 참된 본성에 따라서 또는 그들이 처한 환경과 연계하여 가르치고 있다고는 할 수 없을 것이다. 아이들은 본성상 하나님의 자녀이며, 하나님과 영원한 우정을 누리도록 운명 지어져 있다. 아이들의 환경은 자연과학이 연구하고 있는 인간 이하의 차원, 인간학에서 연구하고 있는 인간적 차원, 그리고 신학에서 연구하고 있는 초인간적 차원의 세 가지 차원으로 이루어져 있다. 학교는 이 세가지 차원 모두를 제공해야 한다.

학교가 가정과 광범위한 사회의 강력한 영향과 연대하여 일하지 않는 한, 독자적으로 이룰 수 있는 것은 별로 없다. 우리가 알고 있는 이러한 사회생활의 질서는 이러한 동료애의 원칙을 얼마나 표현하고 또 가르치고 있는가? 상당 부분 그렇게 하고 있다. 다른 나라 또는 예전의 우리나라를 살펴보면, 우리는 상당한 연대감을 찾을 수 있다. 여러 지방에서 특히 오래된 가문들이 자신의 영토를 지키면서 사람들 안에서 살아가는 경우에 진정한 사회적 동료애를 찾아볼 수 있으며, 서로가 인정하는 기능의 차별성에 기초를 둔 진정한 인격적 동등성을 쉽게 발견할 수 있다. 예컨대 필자는 개로우비Garrowby 영지에 사는 나이든 농부에 대한 기억을 소중히 간직하고 있다. 그 농부는 외무부 장관이 된 헬리팩스 경을 처음 만나서 그의 팔을 툭툭 치면서 말했다. "시작은 잘했습니다. 계속 밀고 나가세요." (헬리팩스 경의 정책에 대한 지지였겠지만,

영국 사회와 같은 철저한 계급사회에서 주인과 상전의 장벽을 넘는 상당한 동지애의 표현으로 간주해 주어야 한다 -역자 주) 이러한 감탄스러운 동료애는 산업 세계에서, 특히 가족 기업 안에서는 때로 고용주와 고용인 사이에서 진솔하게 표현된다. 한 예로, 맨체스터의 한 공장에 있는 직공 위원회가 기억이 난다. 이 위원회에서 한 직공이 말했다. " 의장, 오늘 특별히 정해진 일이 없다면 질문이 하나 있는데요, 그렇다면 예정설이란 것은 도대체 어디에 쓰는 겁니까?" 그러자 의장이 대답했다. " 아, 그거 좋은 질문인데요. 제가 주교님께 물어보겠습니다." 이 대화는 주교인 나와 노동자들 간의 동료애를 보여주는 예이다. 하지만 이런 예들에도 불구하고 우리들의 동료애가 안고 있는 균열은 심각한 상태이다. 우리나라 전체가 지니고 있는 속물근성은 타의 추종을 불허할 지경이며, 교회 안에서는 더욱 심하다. 하지만 사회 대부분과 모든 계층에서 좋지 않은 속물근성이 판치고 있으며 우리의 교육 방법은 그것을 더욱 심화시키고 있다. 산업계 전체를 놓고 볼 때, 훌륭한 예외들이 있기는 하지만, 노동자·경영자·자본가 사이의 괴리는 매우 넓고도 깊다. 하지만 이 시점에서 우리는 현 상황 안에서 밝은 희망을 안겨주는 한 가지 새로운 요소를 간과해서는 안 된다. 현재 ' 경영'은 독자적인 기준과 목표를 지닌 하나의 직업이 되어가고 있다. 경영의 첫 번째 관심사는 출자자들의 이익이 아니라 봉사의 효율성이다. 이익을 많이 올린다고 소득이 많아지는 것은 아니다. 경영자들은 정해진 급여를 받으며 이 급여는 생산비의 한 부분으로 책정되어 있는 것이다. 경영자들을 고용하는 조건 때문에 그들이 자본가와 한편으로 분류되기는 하지만 그들은 대개 노동자들의 편에 서게 된다. 이 점을 약간 조정한다면 좋은 성과를 얻을 수 있을 것이다.

　현재의 체계는 많은 장점을 지니고 있다. 일반대중의 생활수준을 전에는 도저히 이룰 수 없었던 수준까지 끌어 올렸다. '노동자 대중' 대부분의 삶은 빈곤하지도 않고, 지나친 노동에 시달리지도 않으며, 재미없는 삶도 아니다. 하지만 그들의 삶은 하나의 큰 결핍, 한 가지 공동 악, 그리고 한 가지 무시무시한 위협에 시달리고 있다. 그 큰 결핍이란 하루의 노동시간 대부분을 일터에서 보내게 됨으로 관심사의 통제나 방향 설정에 발언권을 가질 수 없다는 사실이다. 이 점이 고쳐지지 않는 한 노동자 계급은 절대적인 중요성을 지닌 개성의 표현으로부터 단절되는 현상을 계속 감수해야 될 것이다. 인간은 스스로 따를 수 있는 법을 만드는 과정에서 발언권을 가지기 위해 싸우고 목숨을 바쳐왔다. 이것이 정치적 자유의 핵심이다. 하지만 노동자들에게 공장의 운영은 국가의 운영보다도 더 큰 영향을 미친다. 하지만 이 경영 과정에서 노동자들은 일을 그만두거나 동료들과의 파업으로 위협하는 방법 이외에는 달리 참여할 길이 없다. 현재 많은 분야에서 작업시간과 조건에 영향을 미치는 규칙들에 관해 노동자들과 협상을 하고 있다는 이야기를 듣고 있다. 그것은 잘하는 일이다. 하지만 이런 일은 선심을 쓰듯이 이루어지는 것이지 확고한 권리에 입각한 것이 아니다. 정치적 자유가 경제적 자유로서 완성되기 전에는 자유의 옹호란 성립될 수 없는 것이다. 나아가서, 이런 일이 계속되는 한 - 궁극에 가서는 계급투쟁으로 표현되고 마는 - 동료애의 괴리 현상은 결코 사라지지 않을 것이다. 마르크스와 엥겔스가 처음으로 계급투쟁을 십자군 전쟁으로 선포한 것이 아니었음을 명심해야만 한다. 처음으로 계급투쟁이 현실이라고 선언한 사람은 애덤 스미스이다. 노동자들이 기업 통제에 한 몫을 차지하지 않는 한, 이 투쟁은 안정되게 종식시킬 수 없다. 자본가들은 배당을 받는다. 노동자들은 임금을 받는다. 지금까지 자본가들은 교육을 받았고 노동자들은 그렇지 못했다는 것을 제외하면, 자본가들이 통제하는 지위까지 차지하고 노동자들이 거기에 참여하지 못할 다른 이유가 없다. 하지만 노동자들이 지닌 이러한 부족한 부분은 잘 보완되어 가는 중이다.

현대 산업에서 많은 사람들을 괴롭히는 큰 죄악은, 산업이 필요로 하는 노동은 매우 단조롭고 인간의 기능 중에서 일부분만을 사용하기 때문에 그 안에서 진정한 소명을 발견하기가 어렵다는 사실이다. 이 점에서 자주 오해가 발생하는 것도 사실이다. 때로 사람들은 마치 자신의 일에서 소명을 찾는 것을 그 일 안에서 자기표현이나 자기성취를 발견하는 것인양 이야기한다. 하지만 하나님이 우리를 부르시는 소명은 거의 자기희생에 가까운 것이다. 그리고 완전에 이른 성인에게는 그것이 가장 따분하고 단조로운 일을 행하여 '하나님께 바치는' 것일 수도 있다. 그것이 인류의 복지를 위해서 해야 할 자신의 몫이기 때문이다. 하지만 일반 사람들에게 하루 작업량의 전체를 차지하는 단조롭고 따분한 일을 그렇게 생각하라고 요구하는 것은 정말 우스운 일일 것이다. 그 사람은 그렇게 바라볼 수가 없다. 그렇게 할 수 있다면 그의 모든 작업 조건들이 그로 하여금 진정한 의미에서 예배를 드리는 것을 가능하게 해 주기 때문일 것이다. 예배란 우리의 모든 존재와 삶을 - 따라서 당연히 우리의 노동을 - 드리는 것이기 때문이다. 그리고 이미 완전에 도달한 성인이 아니고서는 그러한 형태의 노동을 진지하게 하나님께 바치는 것이 불가능하다.

이집트에서 일하고 있는 이스라엘 민족에게 모세는 이렇게 말했다. "여러분의 처지는 단조롭고, 일은 따분합니다. 여러분에게는 여러분의 생각을 이 세상이 아닌, 하늘나라로 높이 들어 올려줄 아름다운 교회가 필요합니다. 이곳에서는 하나님을 예배할 수 없습니다. 이곳을 벗어나야만 합니다." 영국의 노동자 계급을 괴롭히는 가장 큰 죄악은 불안이다. 그들은 실업이라는 엄청난 두려움을 안고 살아간다. 그리고 우리 시대에는 새롭고 엄청난 악이 등장했다. 그것은 대규모의 장기 실업이다. 실업은 사람을 부패시키는 독약이다. 실업은 육체와 정신의 힘을 소진시켜 버린다. 특히 공동체가 실업자들을 다소간 돕고 있는 현재에 있어서 실업이 주는 가장 나쁜 영향은 육체적인 결핍이 아니라 자신을 원하는 곳이 없는 상태에서 겪게 되는 정신적 불행이다. 이런 불행은 여러 해 동안 직업을 지니고 삶의 기본 틀로써 그 일에 의존하며 살았던 성인들에게 가장 비참한 결과를 가져다 준다. 하지만 전혀 규칙적으로 일하는 습관을 가져본 적이 없는 젊은이들에게 가장 큰 해를 끼친다.

사회개혁을 위한 계획을 수립하는 것이 어떤 한 기독교인의 의무는 아니다. 하지만 기독교의 원리들을 알고 선포하며, 이러한 원칙에 위배되는 것들을 악이라고 선포하고 그 치유를 주장하는 것은 의무이다. 나아가서 이러한 개별적인 악들이 그것들 자체보다도 훨씬 더 깊은 질병의 증상들이라는 것을 판단해 내고, 이러한 질병이 존재한다면 현존하는 그 사회질서가 자연질서에 얼마나 모순되는 것인지를 물어야 한다.

앞에서 언급한 악들은 단순히 선한 의지의 결핍에서만 기인하는 것이 아님은 분명하다. 선한 의지는 도처에 풍부하게 존재하기 때문이다. 따라서 더 근본적인 원인을 찾아야 한다. 그러므로 우리는 현존하는 체계가 자연질서에 부응한다는 것이 어느 정도의 사실인가를 묻기에 이른 것이다. 예컨대 생산을 통제하는 사람들이 그 일에 종사하는 모든 노동자들이 자신들의 활동 안에서 참된 인간적 삶을 발견하는 방향으로 이끌어 가는 것에 얼마나 우선적인 관심을 두고 있는가? 그들은 공공의 요구에 얼마나 부응하고 있는가? 이 사회는 과연 얼마나 자주 이런 문제에 대해 논의하는가, 그들은 이익을 추구함으로써 투자자들에게 배당금을 지급하는 일에 우선적인 관심을 기울이고 있다는 것이 분명하지 않은가? 물론 이윤이 남아야 한다. 이윤이 없다면 산업체는 문을 닫을 것이며 노동자들은 실업 상태에 빠지고 투자자들은 투자한 돈을 잃게 될 것이다. 또 생산자들은 소비자들에게 필요한 것들을 공급함으로써 그처럼 필요한 이윤을 낼 수 있다는 것도 사실이다. 하지만 소비자들을 단지, 또는 주로 생산자들의 이익을 내는 수단으로서만 취급해서는 안 된다. 소비자들의 이익이 최우선이 되어야 한다. 자연질서 안에서 볼 때 소비는 생산의 최종 목표이기 때문이다.

 필자가 이 책을 쓰고 있는 동안 식량성Ministry of Food에서 상품 가격을 고정시키자마자 그 상품이 시장에서 자취를 감추고 만다는 사실이 종종 보도되고 있다. 왜 그런 것일까? 많은 사람들이 분명히 알고 있듯이 그것은 우리가 산업의 지속을 위한 수단으로 필요한 이윤 추구가 인간에게 필요한 것을 공급하는 일, 즉 산업의 진정한 목표가 차지해야 할 첫 번째 자리를 차지하도록 허용했기 때문이다. 우리는 '자연질서'를 뒤바꿔 놓았다. 자금이 생산을 위해서 존재하고 생산은 필요한 것을 공급하기 위해서 존재하는 것이 아니라, 필요한 것을 공급하는 일이 이윤이 남는 생산을 위한 수단이 되어 버렸다. 그리고 생산은 자금에 의해서 통제되고 있다. 현실이 이렇다면, 이러한 사실을 깨닫고 그것을 바로잡도록 요구하는 것이 기독교인들의 의무이다. 그 치유책이 무엇인가를 알아내는 것이 기독교인의 의무는 아니다. 이 치유책에는 많은 기술적인 문제가 얽혀 있기 때문이다. 하지만 기독교인들에게는 정부로 하여금 다음과 같은 목표들을 설정해서 꾸준하게, 그리고 상황이 허락하는 한 조속히 그 목표들을 추구해 나가도록 요구할 권리가 있다.

1. 모든 아동들은 수치스럽지 않고 품위를 유지할 수 있는 거주지에서 가족의 양육을 받아야 한다. 그럼으로써 굶주림, 과밀, 더러움과 어두운 환경에서 탈피하여 기계적인 단조로운 여건으로 인해 훼손되지 않은 행복한 우애 안에서, 가정이라는 기초적인 공동체의 일원으로 자라나야 한다.

2. 모든 아동들은 성장할 때까지 교육을 받을 기회를 보장받아야 한다. 이 교육은 각자의 구체적인 성향에 따라서 아이들이 온전히 성장할 수 있도록 계획된 것이어야 한다. 이 교육은 철저하게 하나님께 대한 신앙에 찬 것으로서 예배에 초점을 맞추어야 한다.

3. 모든 시민들이 1번과 같은 여건 속에서 가정을 유지하고, 그곳에서 자녀를 양육할 수 있는 만큼의 수입이 보장되어야 한다.

4. 모든 시민들은 자신의 활동 수단으로 이루어지는 경제활동이나 산업활동에 있어 발언권을 가져야 하며, 자신의 노동이 공동체의 복지를 지향하고 있다는 사실을 깨달음으로써 만족을 누릴 수 있어야 한다.

5. 모든 시민들은 매일 충분한 여가 시간을 가져야 하며, 일주일에 이틀의 휴일을 가져야 한다. 그리고 고용인의 경우에는 피고용인이 자신의 임무와 재능에 의해 이끌리는 흥미와 여가 활동을 통해서 충분한 개인적 생활을 즐길 수 있도록 연례 유급휴가를 주어야 한다.

6. 모든 시민들은 예배와 언론과 집회와 특별한 목적을 위한 결사의 자유를 보장받아야 한다.

위의 여섯 가지 항목들을 위한 배경으로써 우리는 네 종교 지도자들이 평화재단에서 천명한 원칙[45]을 고수해야 한다. " 지구의 자원은 전체 인류에게 주신 하나님의 선물로서 이용해야 하며, 현재와 미래 세대들의 필요를 고려하여 이용해야 한다." 이 항목들이 너무 이상적이라고 생각하는가? 당장 내일 이러한 모든 것들을 손에 넣을 수 없다는 면에서는 그렇다. 하지만 이 여섯 가지 목표를 향해서 꾸준히 나아가는 일은 가능하다. 이 모든 것은 다음과 같이 요약할 수 있다. 기독교 사회질서의 목표는 개인의 인격이 가장 폭넓고 깊은 동료애 안에서 가능한 한, 최대한으로 발전하는 것이다.

* * *

이 책은 복음화에 관한 것이 아니라 ' 기독신앙의 실천을 위한 경제·사회 원칙' 에 관한 것이다. 하지만 내 확신들에 대한 잘못된

---

45) The Times, Foundations of Peace 1940.12.21.

인상을 심어줄 염려가 있기에 다음과 같은 말을 덧붙여야만 하겠다. 그리스도의 성령이 그 안에 살아있는 사람들의 노동과 희생을 통하지 않고는 기독교적인 사회질서를 세울 수 없다. 그리고 진보를 위해서 첫 번째로 필요한 것은 기독교인들이 정치·사회·경제 체제에 대하여 기독시민으로서 더 많은 온전한 책임을 다하는 것이다. 기독교인들과 그 동료들은 이러한 제도 안에서 살아가고 있는 것이다.

부록
(평화의 원칙 실행계획 제안)

　세부적인 내용들에 대한 논란의 여지는 있겠지만 지금까지 말한 내용의 핵심에 대해서는 모든 기독교인들이 찬성하리라고 믿는다. 그리고 이제 필자가 말하려는 내용에 대해서 모든 기독교인들이 찬성하기란 거의 불가능하다고 생각한다. 하지만 우리가 시작을 잘 하려면 어떻게 해야 하는지, 내 개인적으로 생각하고 있는 바를 밝히는 것이 옳으리라고 생각한다.
　우리의 여섯 가지 목표를 실현하기 위해서는 내가 말하는 것보다 더 나은 방법들을 분명히 찾을 수 있을 것이다. 그리고 내가 말하는 방법 중에서 한 두가지는 잘못 생각한 것으로 실제로 그 목적을 달성하지 못할 수도 있을 것이다. 나는 이런 것들을 꼭 채택해야 한다기 보다는 단순한 제안으로서 여러분의 비평을 받고자 내놓는 것이므로, 독자 여러분도 그런 마음으로 읽어 주기를 바란다.
　내 제안을 본격적으로 제시하기 전에 내가 간단하게 왜 사회주의나 공동 소유제(생산수단의 국가소유 -역자)를 옹호하지 않는지를 말해두는 것이 이해를 도울 것이라고 생각한다. 사회주의는 모호한 용어이며, 어떤 의미에서 우리는 이미 사회주의를 신봉하고 있다. 전쟁이 끝난 뒤에 우리 경제 생활은 어떤 면에서 '계획 경제'의 형태가 되어야 할 것이라는 사실을 의심하는 사람은 없을 것이며, (예를 들어)글래드스톤46)을 사회주의적이라고 생각하며 판단을 내릴 것이다. 문제는 계획을 수립하는 권력을 어떻게 구성할 것이며, 어떤 통로를 통해서 그 계획을 실행에 옮기느냐 하는 것이다. 그러므로 우리는 효율성을 위해서 자유를 파괴하는 계획을 세울 수 있다. 파시즘이 바로 그렇다. 아니면 효율성은 없지만 자유를 존중하는 계획을 세울 수도 있을 것이다. 우리는 최대한의 자유를 살리면서 효율성을 지닌 계획을 세우는 것이다. 진정한 자유를 위해서는 안정이 필요하다. 경제적으로 불안한 법적 자유는 개인적인 구속에 불과할 것이다. 그러므로 합당한 정도의 안정을 위해서 필요한 법적 자유에 관한 많은 제한은 개인적 자유의 증진을 가능하게 해준다. 간단히 말해서 우리는 사회주의와 개인주의에 대해서 오랜 동안 교조적인 형태로 많은 말들을 해왔다. 이제는 이 양쪽에서 가장 최적의 것들을 얻어내기 위해서 노력할 때이다. 문제는 우리가 사회주의자가 되어야 하느냐 개인주의자가 되어야 하느냐가 아니다. 어떤 사회주의자가 되고 어떤 개인주의자가 되어야 하느냐가 문제이다. 물론 공동 소유제는 현재 우리의 발목을 잡고 있는 어려운 문제에 대한 해결책이 될 수 있다. 하지만 이 해결책은 우리를 또 다른 많은 문제나 또는 하나의 엄청난 문제에 얽히게 만들 것이다! 리차드 애클랜드 경은 취득과 그 취득을 수단으로 한 진보의 기회들이 존재하는 한 경제적 동기가 사회를 지배할 것이며 그 사회의 성격을 형성할 것이라고 주장한다. 하지만 이런 기회들이란 단지 여러 형태의 자기 이익 추구이며 우리들 대다수가 거의 완전한 성인聖人이 되기 전에는 자기 이익 추구가 사회의

---

46) William Ewart Gladstone(1809-1898) 1868-1894년 사이에 네 번이나 수상직을 지낸 영국의 정치가.

운영과 그 성격 형성에 주도적인 역할을 할 것이다. 더구나 모든 형태의 자기 이익 추구가 모두 나쁜 것은 아니다. 사람이 자기 자신과 자녀의 온전한 인격적 삶을 위해서 필요한 것을 요구하는 것은 정당한 일이다. 물론 그 사람이 그런 것들을 가지고 있는 경우에 그것을 희생하는 것은 고결한 일이기는 하지만 말이다. 우리에게 필요한 것은 현재 우리의 사회질서 안에서 일어나고 있듯이 필요를 과장하지 않고 정당하게 자신의 이익을 추구하는 통로를 찾아내는 일이다. 공동 소유제는 하나의 통로를 완전히 막아버리고 다른 통로들, 특히 러시아 체제에서 분명히 모습을 드러내고 있는 관료적인 귀족주의를 향해 나아가는 통로들을 열게 될 것이다. 통치기술은 성인들을 움직이게 하는 최선의 체제를 만들어 내는 기술이 아니라, 인간들 안에 실재하는 저급한 동기들이 고상한 동기들이 요구하는 그런 행동을 촉발할 수 있게 보장하는 기술인 것이다. 투옥과 도둑질을 결합시키는 법은 부정직하거나 정직성이 부족한 사람으로 하여금 정직한 행동을 하도록 만든다. 우리는 시간이 남아 있을 때, 다시 말해서 현세에서든 내세에서든 '하늘 나라가 도래할 때까지' 자기 이익 추구에 그러한 출구를 마련해 주고, 또 정의와 동료애를 위해서 거기에 재갈을 물려야 한다. 이러한 전체적인 원리에 따라서, 우리의 여섯 가지 목표를 추진해 나갈 수 있는 가능한 수단들을 숙고해 보려고 한다.

" 모든 아동들은 수치스럽지 않고 품위를 유지할 수 있는 집을 지닌 가족 안에서 양육되어야 한다. 그럼으로써 굶주림이나 과밀, 지저분하고 어두운 환경 또는 기계적인 단조로운 여건으로 훼손되지 않은 행복한 우애 안에서 가정이라는 기초적인 공동체의 일원으로 자라나야 한다."

전쟁이 나기 전에 주거문제 해결을 위한 큰 일들이 이루어졌다. 하지만 앞으로도 사람들의 일터 가까운 곳에 많은 아파트나 주택을 공급하여 그들의 능력 안에서 임대할 수 있도록 해 주어야 한다. 지역 주택담당관Regional Commissioner of Housing이 있어서(다른 목적의 지역 담당관을 맡고 있는 사람이 겸임을 하든 그렇지 않든) 어떤 토지를 이런 사회적 목적을 위해서 사용해야 한다고 판단할 권한을 가져야 한다. 적정한 투자 이익이 피해를 입게 된다면 보상해 주어야 한다. 하지만 어떤 경우에도 토지 가격에 대한 시세 예측이나 투자 이익이 그 땅을 최선의 공적인 이익을 위해 사용하는 것을 가로막도록 허용해서는 안 된다. 어떤 사람이 투기 목적으로 황폐한 지역에 땅을 산 경우에는 반드시 그러한 목적을 이루지 못하게 해야 하며, 그처럼 이기적인 목적으로 투자한 돈을 잃어버리는 것이 당연하다. 이 문제에 관해서 정부가 시도하고 있는 일들이 효과적이기를 바란다. 그렇게만 된다면 그런 새로운 것들은 얼마든지 환영이다! 지금까지 토지와 관련한 문제들을 다루는 면에 있어서 우리는 너무도 무력했다. 적당한 주택부지가 자리를 잡게 되면 양질의 주거시설을 저렴하게 제공하기 위한 국가의 보조금이 필요해질 것이다. 이 보조금에 대해서는 미리 투표를 거쳐야 하겠지만, 이러한 도움을 진정으로 필요로 하는 사람들만이 그것을 받을 수 있도록 해야 한다. 도시 행정 당국자들은 이런 일을 성공적으로 해낼 수 있다는 사실을 이미 알게 되었다. 하지만 이러한 임대 보조금은 일시적인 수단이어야 하며, 다른 수단들이 동원되면 중단될 것이다. 대부분의 노동계층에서 임금을 벌어서 살아가는 사람들의 일반적인 임금이 대가족을 어느 정도 수준의 안락한 환경에서 부양할 수 있는 수준이 되기를 기대하기 어려운 일인 것 같다. 국가는 어머니가 처음 두 아이 이후에 한 아이가 태어날 때마다-아마도 화폐 가치를 지닌 음식이나 의복 쿠폰 형태가 될-가족 수당을 지급해야 한다. 그리고 임금은 네 명의 가족, 부모와 두 자녀를 부양하기에 충분한 수준까지 끌어올려 유지해야 할 것이다. 영아 양육의 보건에 관한 전통들이 발전해가고 있긴 하지만, 학교에서 보편적인 무료 우유 급식을 제도화 하는 것이 바람직할 것이며, 학교에서 하루에 한끼 정도는 충분히 균형잡힌 좋은 식사를 제공해야 할 것이다.

" 모든 아동들은 성장할 때까지 교육을 받을 기회를 가져야 한다. 이 교육은 각자의 구체적인 성향에 따라서 아이들이 온전히 성장할 수 있도록 계획된 것이어야 한다. 이 교육은 철저하게 하나님께 대한 신앙으로 가득한 것으로써 경배에 초점을 맞추어야 한다."

현재 우리는 14세까지 의무 교육을 실시하고 있으며, 특히 농촌 지역에서는 이 교육을 지역 이익과 필요에 밀접하게 만들기 위해서 개선해 나가고 있다. 이런 과정은 모든 면에서 강력하게 추진해 나가야 한다. 하지만 '14세 미만'이라는 문제는 일반적으로 잘 알려져 있으며 그 해결을 위해서 노력하고 있다. 14세 이전에 다양성이 중요하다면 그 후에도 절대적으로 중요하다. 우리는 1918년에 피셔씨가 교육법을 소개하면서 천명했던 목표를 원칙으로 삼아야 한다. "18세 이하의 모든 시민들은 먼저 산업의 한 요소가 아닌 교육의 대상으로 보아야 한다." 여기에서 '먼저'라는 단어는 중요하다.

이 말 때문에 시간제 교육의 여지가 생기며, 때로는 교육 당국의 감독 하에 산업체에서 도제로서 일할 수도 있기 때문이다.

"모든 시민들이 위의 1번에서 말한 것과 같은 여건을 갖춘 가정을 유지하고 그곳에서 자녀를 양육할 수 있는 만큼의 소득을 가질 수 있도록 보장해야 한다."

현재 주거와 가정의 유지를 위협하는 고용 불안은 종식되어야 한다. 최근의 입법(1945년)을 통해서 상당히 완화되기는 했지만 완전히 종식시켜야만 한다. 하지만 게으른 사람을 계속 고용하는 것은 지극히 비경제적인 일이며, 우리가 알고 있는 한 자신이 쓸모없는 사람이고 아무도 자기를 원하지 않는다는 사실은 실업의 정신적 파괴력 중에서 가장 무서운 요소이다. 국가는 공동체에 유익한 몇 가지 사업을 유지해야 하며, 이러한 사업에서 사기업은 배제해야 한다. 이 사업을 통해서 언제든지 전체적인 노동 수요에 따라서 고용규모를 조절할 수가 있다. 이러한 사업으로는 해안선 침식방지 · 식수 · 도로건설과 같은 것들이 있다. 이런 분야에서는 스칸디나비아 반도의 국가들로부터 배울 점이 많다. 하지만 이러한 사업으로 모든 분야의 문제들을 해결할 수는 없으며, 대규모의 실업자 훈련소를 세우는 일도 병행해야 할 것이다.

"모든 시민들은 자신들의 활동 수단으로 이루어지는 경제활동이나 산업활동에 있어 발언권을 가져야 하며, 자신의 노동이 공동체의 복지를 지향하고 있다는 사실을 깨달음으로써 만족을 누릴 수 있어야 한다."

실제적인 생산활동에 노동을 통해서 참여하지 못하고 있다는 것은 우리의 경제 생활 안에 이루어지는 동료애와 단절되어 있다는 분명한 표징이 된다. 이 문제에 대한 이상적인 대책으로는 국가의 승인 하에 중세 때의 길드와 같은 그런 조직을 되살리는 것이 될 수 있다. 이런 조직에 대한 매력적인 예로는 1914년 이전 독일 예나의 자이쓰Zeiss 유리공장 노동자들을 들 수 있다. 나는 이런 놀라운 틀이 현재 어떻게 되었는지 알지 못하며, 지금까지도 번성하기를 바란다. 하지만 길드들은 때로 서로 간에 지나친 경쟁을 하게 되며, 공적인 필요를 이기적으로 이용하는 경우도 있을 수 있다. 앞에서 우리가 내어놓은 제안들 속에는 길드 제도를 향한 발걸음들이 포함될 수 있겠지만, 노동자가 통제에 참여하는 몫은 다른 수단들을 통해서 확보해야 할 것이다. 이미 전쟁 기간 동안에 대규모 노동조합들은 자유롭게 정부의 자문 역할을 하게 되었으며 그럼으로써 그 지위를 인정받게 되었다. 앞에서 제시한 제안들은 상당한 규모의 '계획'을 포함하고 있다. 이제 우리는 이 계획을 '국가산업위원회'의 모델로 삼되, 산업 전반을 대표할 수 있도록 확장된 모델로 특별히 구성한 계획 담당 부서가 책임을 맡아야 한다는 점을 강력히 촉구한다. 이 부서가 유한책임회사의 정관을 통제해야 하며, 노동자들이 자신들의 이사회에 실제로 참여하는 길을 보장하는 방향으로 나아가도록 관리해야 한다. 그러므로 임금 생활자들은 어떤 일에 대해서든 자신들이 대표를 참여시킬 수 있어야 하며, 직접 할 수 없다면 대규모의 노동조직들을 통해서라도 할 수 있어야 한다. 때로는 이러한 대표제가 가장 효과적인 방법일 수 있을 것이다. 공적인 이익, 즉 언제나 최우선이어야 하는 '소비자'의 이익을 대표하는 한 사람 이상의 지도자를 국가가 임명하는 제도도 마련해야 할 것이다. 생산이 소비자의 선을 위하는 그런 곳에서는 소비자 협력원칙이 당연히 뒤따르게 될 것이다.

"모든 시민들은 매일 충분한 여가 시간을 가져야 하며, 일주일에 이틀의 휴일을 가져야 한다. 그리고 고용인의 경우에는 피고용인이 자신의 임무와 재능에 의해 이끌리는 흥미와 여가 활동을 통해서 충분한 개인적 생활을 즐길 수 있도록 연례 유급휴가를 주어야 한다."

우리는 꾸준히 주 5일 근무제를 향해 나아가고 있으며, 전문가들은 이 제도를 채택하면 생산량은 줄지 않고 오히려 늘 것이라는 의견을 가지고 있다. 그것은 5일 근무제가 산업 피로도를 줄여서 물자의 낭비를 감소시키기 때문이다. 이 제도가 인간에게 미치는 장점은 분명하다. 대도시에서 노동자들은 '반나절'의 여가를 즐기기 위해서 늦은 오후에는 귀가하게 될 것이다. 일부 산업에서는 '시차제' 근무 제도를 채택하여 일부 직원들이 공장을 계속 가동시킬 필요도 있을 것이다. 하지만 대부분의 경우에는 이미 그렇게 하고 있듯이 토요일과 일요일에 전체적으로 휴무를 할 수 있다. 그렇게 되면 토요일에는 운동도 하고 맑은 공기도 마시며 즐긴 다음에, 일요일은 그 본래의 성격대로 예배와 휴식을 위한 날로 보낼 수 있을 것이다. 유급 휴일의 원칙은 세 가지 측면에서 중요하다. 첫째, 이 제도는 산업체 안에서 노동자의 지위를 인정하며, 노동이 필요한 경우에 시간제로 고용하는 외부적인 요소에 불과한 존재라는 개념을 거부한다. 둘째, 이 제도는 레크리에이션 과정이 노동의 질에 매우 중요한 요소이며 따라서 기업체의 복지에도 필수적이라는 사실을 인정한다. 셋째, 이 제도는 즐거움을 누릴 수 있는 더 큰 자유를 주며, 이 자유는 충만한 개인과 가정 생활에 필수적인 것이다.

" 모든 시민들은 예배와 언론과 집회와 특별한 목적을 위한 결사의 자유를 보장받아야 한다."

이러한 사항들은 매우 중요하지만 현재의 어떤 행위도 요구하지는 않는다. 하지만 이러한 자유들을 보장하기 위한 계속적인 감시가 필요하다. 이러한 형태의 자유를 보호하기 위해서 물론 국가는 어떤 개인이나 집단이 이런 자유를 남용함으로써 타인들의 자유를 위협하는 일을 방지해야 한다. 이제 우리는 이러한 다양한 목표들을 어떻게 달성할 수 있을 것인가 하는 문제에 도달했다. 따라서 이는 전에 나왔던 어떤 생각들을 되돌아보는 일이기도 하다.

실질적인 자유는 각 개인이 그들이 하는 행위들 안에서 실제적인 몫을 찾을 수 있는 그러한 종류와 규모의 동료애 안에서 실현될 수 있다. 인격은 이러한 동료애 안에서, 그것을 통해서 실현되며, 우리에게는 '개인의 민주주의Democracy of the Individual'가 아니라 마리탱이 말하는 '인격의 민주주의Democracy of the Person'가 필요하다. 이러한 사실 때문에 일부 기독교 사회개혁가들은 '조합주의적 국가Corporative State'라는 이상을 선호하고 있다. 하지만 이러한 이상은 지나치게 다른 한쪽의 극단을 향하고 있다. 다양한 동료애 안의 행위를 통해서 자신이 지닌 의미 전체를 표현할 수 있는 사람은 없다. 한 인격체라는 사실은 한 개인이라는 사실 그 이상이라는 것은 사실이다. 그리고 모든 사람은 하나님의 자녀이고, 하나님의 참된 아들 그리스도를 통해서 그러한 높은 위치에 오를 수 있게 된다는 근본적인 교리 안에는, 모든 사람들은 그들이 맺고 있는 모든 사회적 관계들 안에서 표현되는 것 이상이라는 사실이 담겨 있다. 따라서 조합주의적 국가라는 틀은 개인주의에게도 공산주의에게도 만족스럽지 못한 것이다. 하지만 개인주의나 공산주의가 그렇듯이 여기에도 일면의 진리는 있다. 우리는 하원을 모든 시민들의 개성을 대표하는 기관으로서 그대로 존속시켜야 한다. 즉, 한 사람이 하나의 투표권을 가진다. 하지만 이 지고한 권력이 국가 생활의 모든 부문들을 직접 다루도록 요구해서는 안 된다. 우리는 직능제 권력 이전과 지역제 권력 이전의 결합을 시작해야 한다. 지방 행정의 발전 필요성을 의심하는 사람은 없다. 우리에게는 지방정부County 당국과 자치도시Borough 당국 간의 협력을 위한 수단이 필요하다. 그리고 작은 영역을 다루는 지역 당국보다 지방 당국에 더 큰 행정 권한을 맡길 수 있을 것이다. 그러나 이러한 과정에서 직능제 권한 이전이 필요하다고 제안하고 싶다. 이 제도의 핵심적인 원칙은 국가 생활의 전체 부문들이 자체의 고유한 일들을 처리해 나가는 것이다. 이것은 효과적인 민주주의를 확장시키는 한 방법이며, 관료주의를 향해 변질되는 경향에 제동을 거는 방법이 된다. 우리는 구체적으로 이 원칙을 교육과 산업에 적용시켜야 한다. 따라서 나는 중요한 형태의 교육기관과 대중들의 대표들로 구성된 실제적인 교육위원회를 시급히 설립해야 한다고 생각한다. 실제로 이 위원회에는 다양한 계층의 교사 또는 교육기관, 지역교육당국, 독립학교의 운영 단체들의 대표들이 참여해야 한다. 그리고 하원에서는 실제로 학교에 다니는 자녀들을 둔 부모들 중에서 대표를 선출하게 될 것이다. 이 교육위원회는 교육 문제에 관한 법률을 제정할 권한을 가지게 되며 의회는 이 법률에 대한 거부권을 가진다. 이와 마찬가지로 법으로 규정된 국가산업위원회를 설립해서 산업 과정의 모든 주된 요소들, 노동자·경영자·소액 주주들, 그리고 소비자들을 참여시키는 일도 시급하다고 생각한다. 이 위원회 역시 담당 분야에 관한 입법권을 가져야 하며 국회는 그에 대한 거부권을 가진다. 우리는 이미 교육제도가 어떤 노선을 따라서 개혁되는 것이 바람직한가를 지적했다. 산업 체계가 자유롭게 자체를 조직할 수 있게 된다면 교육제도 개혁과 비슷한 노선을 따르는 것이 좋다는 제안도 가능하지 않을까? 이 영역에 대한 내 판단은 앞의 문제들에 대한 판단보다 그 신뢰성이 못 미친다고 할 수 있다. 하지만 단지 내 마음이 움직이는 대로 개혁의 방향만을 제시해 보겠다.

　초기 기독교 사회주의자들인 라들로우, 모리스, 킹슬리 등은 '유한 책임' 제도가 처음 고안되었을 때, 이 제도를 악용하여 착취하지 못하게 하고 공공의 이익을 보장하는 조건들이 수반되어야 한다고 강력히 촉구했다. 이제 나는 그들의 말이 옳았으며 지금 그러한 조건의 누락을 치유해야만 한다는 사실을 확신한다. 현재 필요한 조치는 회사법을 개정해서 유한책임제를 허용하는 경우에는 일정한 조건들을 부과하도록 하는 것이다. 그렇다면 이 조건들은 어떤 것들이어야 하는가? '이윤 동기'를 제거해 버리는 것도 바람직하지는 않다. 합당한 자기 이익의 만족을 위한 여지는 있어야 한다. 하지만 그 동기는 봉사 동기에 종속되는 것이어야 하며, 따라서 사업의 시작이나 확장에 있어서 공적인 필요성과 사적인 이익이 대립되는 경우에 사적인 이익보다는 공적인 필요성이 더 큰 힘을 발휘해야 한다. 무엇보다도 배당금의 형태로서 기업에게 사적인 세금을 물릴 수 있는 권한을 대대로 상속하는 권리를 종식시켜야 한다. 이러한 제도는 기업체가 받고 있는 혜택보다 턱 없이 많은 짐을 지우며 공동체 안에 분명하게 구별되는 '출자자' 계급을 지속시킨다. 이러한 목적을 위해서 다음과 같은 것들을 제한하고 싶다.

(1) 유한책임을 허용하는 경우에는 배당율의 상한선을 설정해야 한다. 이렇게 하기 위해서 회사 정관에는 초과 이윤을 다음과 같은 용도로 사용해야 한다는 점을 규정해야 한다. (i)불경기가 되어서 노동시간이 줄어들 경우에도 같은 임금 수준을 유지할 수 있도록 하는 임금 유지기금, (ii)배당금 유지기금 (iii)자금 보충과는 다른 고정 자본 확대 등을 위한 기금. 물론, 이러한 항목들이 모든 경우에 다 똑같을 수는 없다.

(2) 스탬프 경이 말했듯이 국가가 이미 상속세 제도를 통해서 무제한의 상속을 제한하고 있는 것은 사실이지만, 그 정도로는 문제의 근본에 다다르지 못한다. 스탬프 경 자신은 첫 번째 상속에서는 세율을 가볍게 하고 두 번째 상속에서는 무겁게 하고, 세 번째에 가서는 상속을 무효화시키는 소위 '리냐노 원칙Rignano principle'을 선호했다. 나는 '자본금 소멸'의 원칙을 선호한다. 이 원칙에 따르면 투자금에 대한 이자 지급액이 투자된 총액과 같아지는 시점부터는 해마다 일정한 비율로 이자 또는 배당금을 줄여 나감으로써 결국은 완전히 소멸시키는 것이다. 해마다 배당금을 줄여 나가는 비율은 각 기업이 관련 요소들을 판단하여 개별적으로 정해야 할 것이다. 이러한 조건들이나 이와 유사한 조건들에 따라서, 그리고 사회의 덜 부유한 사람들이 기본적인 필요를 위한 계획에 포함된 제한 조건들에 따라서, 사기업들이 활동할 수 있는 여지가 마련되어야 하며, 이러한 조건들을 용이하게 하는 선택과 이익을 추구할 수 있는 주도권을 주어야 한다. 새로 시작한 사업의 1/3이

3년 안에 파산을 맞고 있다는 보고서가 나온 바 있다. 솔직히 말해서 이처럼 불안정한 사업을 시작하는 일에 많은 장려금을 지급하지 않는 것이 전체적으로 보아서 더 이익이 되는 것으로 보인다. 이런 장려금의 중단은 진짜 어려움과 위기를 초래할 것이기 때문이다. 나아가서 기업들이 대부분이 소규모라는 사실을 염두에 두는 것이 중요하다. 다음의 표는 로즈T.G.Rose씨가 작성한 것이다.

공장 감사원이 발표한 4년 주기 통계
규모별 공장 현황(1936)

(단위: 명, 개소, %)

고용 인원수	공장수	%	총고용 인원수	%	33년 이후 폐업수
1-25	108,765	76.9	709,943	12.8	4,776
26-50	12,636	8.9	447,824	8.1	1,157
51-100	8,738	6.2	622,118	11.3	605
101-250	7,155	5.1	1,134,048	20.5	695
1-250	137,294	97.1	2,913,933	50.7	7,233
251-500	2,565	1.8	885,856	16.0	258
501-1000	1,016	0.7	691,204	12.5	136
251-1000	3,581	2.5	1,577,060	28.5	394
1000명 이상	519	0.4	1,039,196	18.8	184
1936년 총계	141,394	100	5,530,189	100	7,811
1933년 총계	133,538	-	4,704,354	-	-

이런 소규모 공장들에 정서적인 가치가 있는 것은 사실이다. 하지만 이런 소규모 공장들은 과학과 경영 기술의 발전에 장애가 되며, 대부분의 열악한 고용 조건이 존속하는 터전이 된다. 우리들이 제안한 바에 따르면 임금 노동자가 되는 것보다 더 낫기 때문에 '소규모 자영업'을 시작하려는 사람들은 적어질 것으로 보인다. 그렇다면 더욱 좋은 일이다. 그렇다고 하더라도 제대로 된 계획과 비전을 가진 사람은 자신의 능력을 믿고 일을 시작할 것이며 성공을 이룰 것이다. 그렇지만 물론 주도력과 추진력을 가진 사람들이 그러한 기업을 시작할 수 있는 여지를 남겨두는 것은 매우 중요한 일이다. 또한 조직의 단위들은 비상한 능력을 지니지 않은 사람도 충분히 감독해 낼 수 있는 규모 이하로 묶어두어야 하며, 능력 있는 사람들에게 주어지는 기회도 늘려야 한다.

현재의 체제를 자연스러운 것으로 받아들이는 사람들은 이익면에 제한을 가하는 것으로 손실면에 어떤 보상이 주어지느냐고 물을 것이다. 하지만 우리가 전체적으로 주장하는 것은 현재의 체제가 정의롭지 못하다는 것이다. 이 체제는 자본가들을 위해서 나머지에게 너무 큰 부담을 안겨주는 체제이다. 그리고 현 체제 아래에서는 임금 노동자들이 매우 큰, 대개 매우 불공정할 정도로 큰 부분을 감당한다는 점을 기억해야 한다. 한 공장의 부도는 그 고용인들의 실업을 의미하기 때문이다. 불경기에 임금을 줄이는 계획을 임금 노동자들이 실제적으로 이사회에 참여할 수 있는 적절한 기본임금 수준이 보장되는 한, 임금 노동자들이 실제적으로 이사회에 참여한다면 받아들일 수도 있는 것이다. 어떤 체제하에서든 투자할 잉여자본을 가지고 있고 실제로 투자하는 사람들은 손실에 대한 위험의 큰 몫을 감당해야 한다.

위의 모든 제안들을 모두 실천에 옮기는 경우에, 유산 관리국 Public Trustee's Office의 한 부서는 수탁하고 있는 유산의 명목적 자산 가치를 유지하기 보다는 이익을 남길 수 있는 사업을 당연히 가져야 한다. 그 사업의 운영은 직접 또는 간접적으로 자본가·경영자·노동자를 대표하는 이사회에 맡겨야 하며, 이 사업의 전체적인 틀은 정관으로 규정하고 산업협의회Industrial Council나 다른 경제계획 당국의 승인을 받도록 해야 한다.

(3) 국가의 경제문제는 국제교역 문제와 연관되어 있다는 사실을 잊지 말아야 한다. 그렇기 때문에 무절제한 경쟁은 가장 해로운 결과를 낳게 되는 것이다. 삶과 노동에 대한 최소한의 유효한 기준을 설정하려면 국제적 활동에 대한 과감한 정책을 받아들일 수 있어야 한다. ILO는 가장 가치 있는 업적을 이룩했으며, 이 업적은 앞으로도 더욱 발전시켜 나갈 수 있다. 뒤처진 나라들은 전문가들의 도움을 받을 수 있을 것이다. 하지만 우리에게 가장 필요한 일은 세계가, 특히 유럽이 경제적으로 하나이며, 현재 거의 모든 나라들이 추구하고 있는 경제적인 국가주의 정책들은 모두에게 불행한 결과를 낳고 있다는 사실을 깨닫는 것이다. 정치적인 국경에 맞추어 경제적인 국경을 긋는 것은 매우 불합리하며 자연질서에 어긋나는 일이다. 최근에 유행하는 비유로 말하자면 웨일즈가 자신들의 법을 고수한다면 잉글랜드와 웨일즈는 서로 간에 자신들을 '방어'하려 들게 될 것이다. 우리는 인구이동과 의사소통 방법, 국가정부가 아닌 국제적 기관이 결정해야 할 전체적인 관심사 등의 상업 정책에 관한 문제들을 다루는 방법도 배워야 한다.

국가들이 이웃 나라들을 대하는 문제에 대해 합의한 방법을 균등화 하는 한 단계로서, 그리고 이러한 문제들을 국제적인 통제에 맡기는 중간단계로써, 모든 나라들이 관세 정책을 채택하는 것이 좋을 것이다. 이 관세는 한 나라에서 효율적으로 생산되는 물건들에 대해서 매기되, 그 물건이 국내 생산자들 중에서 최고 효율을 가지고 생산하는 사람들의 가격 수준이 되도록 매기며 그 이상을 넘지 않도록 책정한다. 이러한 관세는 덤핑을 방지할 것이며, 노동비용이 싼 나라들에서 그 싼 노동의 대가로 얻는 이득을 제거시킴으로써 삶의 질을 높일 수도 있을 것이다. 이러한 시도는 실제로 많은 나라들에서 현재의 관세를 상당한 수준까지 낮추게 될 것이다.

최근 경제적 국가주의가 지니고 있는 특징들 중에서 특히 좋지 않은 면은 우리나라를 포함한 많은 나라들이 '우호적인 무역 균형'[47]을 추구하고 있다는 사실이다. 물론 영향력 있는 정치경제학파들이 이 정책을 옹호하고 있다는 사실을 잘 알고 있다. 하지만 우리는 지금 정치경제를 윤리적 기준에 적절히 종속시키는 문제를 다루고 있는 것이다. 그 정책이 아무리 '이득이 되는 것'일지라도 어쨌든 잘못된 것이다. 그것은 타인의 손실 위에서 이득을 챙기려는 것이다. 이는 바울이 말하는 '육적인 정신the mind of the flesh'의 표시이다. 상업은 그 행위와 관련된 모든 사람들의 이익의 원천이며 그럴 수 있는 것이다. 이런 면에서 상업이 그 자신의 '자연법'을 따르기 위해서 국제무역은 가능한 한 협상에 의해 결정되는 교역량이 되어야 하며, 이 행위에 관계된 모든 부문들의 생산능력을 최대한 활용할 수 있도록 계획을 잘 세워야 한다. 이 경우에 각 무역 행위가 완료되었을 때 균형을 조절하는 수단으로 금이

---

47) 왜 이렇게 부르고 있는지는 이해하기 어렵다. 이 말은 무상으로 무엇인가를 얻는 것이 아니라 무상으로 무엇인가를 준다는 것을 의미하기 때문이다. 무상으로 무엇을 얻는 것은 오직 자본을 수출함으로써, 즉 다른 나라를 채무국으로 만듦으로써만 가능한 일이다.

활용될 수 있을 것이다. 국제적인 통제 수단이 확립되기 전에 이런 방향으로 몇 가지 단계를 거치게 될 것이다. 그리고 이러한 국제적인 통제가 이와 유사한 결과를 목표로 삼아야 한다는 문제에는 거의 이론의 여지가 없을 것이다. 현 상황의 기본적인 요소들 중에서 언급해야 할 것으로서 남아 있는 것은 화폐와 토지이다.

 (4) 사적인 화폐의 주조는 오래 전에 중단되었으며, 우리는 사적인 채권 발행이 무정부적인 행위가 되는 단계에 와 있다. 화폐는 다음과 같은 세 가지 기능을 가지고 있다. (i) 화폐는 교환을 돕는 수단으로 존재하게 되었다. 이런 역할을 할 수 있게 된 것은 (ii) 화폐가 가치를 담아두는 대상이기 때문이다. 교환 행위 때에 전달되는 가치를 화폐 안에 저장해서 다른 때에 사용할 수 있기 때문에 화폐는 교환을 용이하게 해준다. 화폐가 아니라면 동일한 가치의 물건을 교환하는 방법이 가장 편리한 방법일 것이다. 하지만 화폐를 습득하게 되면 곧 또 다른 역할을 지니게 되는 데 그것은 (iii) 재화와 봉사를 요구할 수 있는 권리로서의 기능이다. 현대의 일반인들이 주로 화폐를 원하는 이유는 바로 이런 기능 때문이며, 일상적인 자금 대출에서 합리적인 이자를 발생시키는 것도 이 기능이다. 만일 내가 재화와 봉사를 실제로 요구하는 일을 뒤로 미루고 그동안 잠정적으로 다른 누군가가 나의 가치 저장물을 이용한다면 그 사람이 내게 그러한 봉사에 대한 대가를 지불하는 것은 합리적인 일이다. 하지만 오늘날 상업분야에서 실제 화폐가 사용되는 범위는 매우 좁다. 우리들 사업의 대부분은 신용에 의존해서 이루어진다. 우리 모두가 은행 제도를 뒷받침해온 공공정신과 통일성에 대해 감사해야 할 이유가 충분하다. 만일 은행이 그처럼 두드러지게 건전한 방식으로 운영되어 오지 않았다면 " 영국의 은행처럼 안전

하다"는 속담은 생겨나지 않았을 것이다. 하지만 모든 종류의 은행이 공공의 이익을 위해서 단지 장부에 기재만 함으로써 만들어내는 채권에 이자를 부과하는 이러한 제도는 분명히 문제의 소지를 안고 있다. 더구나 자본 회사와 생산 공장의 이익은 서로 갈등을 일으킬 수도 있다. 그리고 자본이 생산을 통제하는 것은 원칙적으로 잘못된 일이다.

화폐는 주로 이러한 세 가지 기능 때문에 매개적인 것이다. 이러한 사실이 강력히 시사하는 것은 돈을 조작함으로써(재산을 불리는 일은 그렇다고 하더라도) '삶을 만들어내는 일'은 불가능하다는 사실이다. 한 시민이 다른 시민이나 국가에게 돈을 빌려주는 경우에 그는 상호 동의한 일정한 총액 수준을 넘지 않는 이자의 형태로 감사 표시를 받을 자격이 있다. 그것은 실질적인 요구권을 이전하는 것이기 때문이다. 하지만 돈이나 또는 돈의 실질적인 대체물이 만들어지고, 채권을 발행하는 경우처럼, 장부에 기재함으로써 그것을 빌려주게 되는 경우에 운영자금 수준, 즉 1/2 또는 13%를 넘는 이자율은 윤리적으로 옹호할 수가 없다. 하지만 어떤 개인이나 단체도 이러한 수준의 이자를 보고 자금을 빌려주지는 않을 것이며, 이처럼 실제적으로 화폐와 같은 힘을 지닌 채권을 발행하는 권한을 어떤 개인의 손에 맡겨서도 안될 것이다. 실제로, 국가가 화폐 발행권을 독점하고 있듯이 영국 은행과 공동 주식은행Joint Stock Bank들을 공적으로 운영하는 기관으로 바꾸어야 한다는 강력한 주장이 제기되고 있는 것 같다. 그리고 이러한 은행들을 국가가 소유하고 운영할 것인지 아니면 공공사업조합이 소유하고 운영할 것인지에 대해서는 논의의 여지가 있다. 나로서는 실제적인 방법이 뒤따르는 경우에 후자가 맡는 것이 좋다고 생각한다.

(5) 부의 기본적인 원천은 토지이다. 모든 부는 하나님의 선물에 의존하는 인간 노동의 산물이다. 그리고 이 선물은 그것을 품어주고 양분을 제공하는 토지를 통해 주어진다. "지구와 지구의 자원에 대한 존중심을 회복해야 하고, 지구를 장차 이용할 잠재적인 부의 저장물로 취급하지 않고 우리가 전적으로 의존하고 있는 신성한 하사품의 저장고로 보아야 한다"는 '멜번 총회'의 선언은 지극히 옳다. 구약 성경의 토지에 관한 율법은 토지란 특별한 의미로 하나님께 속한 것이라는 원칙에 근거를 두고 있다. 이 원칙은 우리의 보통법Common Law 안에 오직 왕만이 토지에 대한 전적인 지배권을 가지며 왕은 그 사용권을 영주들에게 허락한다는 원칙 안에 나타나 있다. 이 원칙을 더욱 강력하게 고집하는 데는 그럴만한 이유가 있다. 이 원칙은 도시 지역에서는 공공 소유 쪽으로 이끌어 가게 될 것이다. 도시 주거지역에서는 농촌지역의 영주가 바치는 것과 같은 그러한 봉사를 할 일이 별로 없기 때문에, 다소 있다고 해도, 도시 주거지역의 소유자들은 공공당국이 제공할 수 있는 만큼 또는 그 이상을 내어놓을 수 있다. 단지 우리들이 주택 부지로 사용하는 그 땅을 소유했다는 이유만으로 일부 시민들에게 엄청난 금액의 돈을 지불해야 할 이유가 없다. 물론 토지 수용에 대한 보상은 해야 하며, 그렇지 않다면 합당한 기대의 요구를 벗어나지 않는 범위에서 사용 연한을 정해야 하겠지만 이 문제에 관한 한, 공공 소유제의 주장이 매우 강력하게 제기되고 있다. 농촌 지역 토지의 경우에 공공 이익의 균형은 다른 쪽으로 기울어져 있다. 사회적인 기능의 소유권을 정당화하는 한 상관 요소로 본다면 현재 영주들의 권리가 과도한 것은 분명한 사실이다. 그리고 우리는 지금 모든 공공의 복지가 달린 재화에 대해서 이야기하고 있는 것

이다. 삶에 우선적으로 필요한 것들 중에서 자연이 무한히 베풀어 주는 것으로는 공기, 햇빛, 땅, 그리고 물이 있다. 앞의 두 가지에 대해서는 어느 누구도 소유권을 주장하거나, 이용료를 내지 않는 다고 해서 다른 사람이 이용하지 못하게 할 수 없다. 뒤의 두 가지 의 정당한 소유에 관한 오래된 원칙은 관리권의 개념이며, 배타적 인 사용권을 분명하게 적용해야 하는 것은 아니다.

  토지는 단순한 '물적 자원'이 아니다. '어머니인 지구'라 는 말은 인간과 자연 사이의 관계에 대한 심오한 진리를 담고 있 다. 그리고 인간이 자신이 일하는 토지를 소유하고 있을 때, 그리 고 자신이 소유한 토지를 운영할 때 자연은 가장 최대한으로 개발 된다. 하지만 인간이 토지를 소유하는 것은 앞에서 말한 것과 같 은 의미에서이다. 즉 물질적 자원의 소유자로서가 아니라 공동체 를 위한 관리자와 피 위탁자로서의 소유자인 것이다. 유익하게 사 용되지 않는 토지에 대해서는 세금을 물릴 수 있으며 혹은 극단적 인 경우에는 몰수까지도 가능하다. 하지만 필요한 안전장치가 마 련되는 경우에, 점유 소유권Occupying Ownership을 장려함으로써 가 장 바람직한 결과를 기대할 수 있을 것이다. 지주-소작인 제도를 반드시 폐지할 필요는 없지만 어쨌든 소멸되어 갈 것으로 보이며, 가능한 한 점유 소유권 제도가 그 자리를 차지하게 될 것이다. 다 른 입장에서 토지의 국가 소유제가 채택된다면 국가 소유 토지의 소작인에게, 소유권을 통해 일반적으로 지니게 되는 책임감을 느 끼게 하고 독립된 지위를 누릴 수 있게 하는 토지 보유의 안정성을 부여해야 할 것이다. 하지만 어떤 경우에도 토지를 순수한 개인의 소유물로 보아서는 안 된다. 농장의 상속인이 심각한 낭비벽을 가 진 자이기 때문에 그 농장을 "완전히 저당 잡히고 말았다"는 이야기를 얼마나 흔히 듣게 되는가! 토지 매입자와는 구별되는 소유자가 농업부 장관의 허가 없이 그 토지를 저당 잡히거나 부채의 담보로 잡히는 일은 법으로 금해야 하며, 농업부 장관은 토지 소유자의 책임이 아닌 일시적인 경제적 어려움을 타개하기 위한 경우 또는 사회적으로 가치 있는 토지의 개발을 위한 경우에만 그러한 행위를 허가할 수 있다. 과중한 부채를 지고 있는 농장들은 강제적으로 청산 절차를 밟도록 해야 한다. 소유주가 아닌 점유자들은 정당한 이용료를 내고 안정되게 토지를 경영할 수 있도록 해야 하며, 운영을 개선할 수 있는 권리와 농장을 떠나는 경우에 보상을 받을 수 있는 권리를 주어야 한다. 모든 점유자들이 완전한 통제권을 가지도록 해야 한다.

  농촌과 도시 지역에 비슷하게 나타나는 대부분의 문제점은 건물과는 별도로 주택부지의 가치 자체에 대해 과세함으로써 바로잡을 수 있을 것이다. 이 부분에 있어서, 현대 생활 전체의 특성인 자연질서의 역전이 특히 심각하다. 만일 주거재산이 개선된다면 사회적인 봉사 세율은 올라갈 것이고 그 개선으로 인해 벌금을 물게 될 것이다. 그리고 만일 주거재산이 열악하게 된다면(사회적 침해) 과세 가능 가치는 감소되고 잘못을 저지른 영주는 부담을 덜게 될 것이다. 건축된 건물과는 별도로 부지의 가치에 대해 과세함으로써 토지를 완전히 활용할 수 있도록 고무할 수 있다. 토지의 가치를 비싸게 평가할 필요는 없다. 토지 소유주로 하여금 토지 가치를 스스로 평가하게 하고 국가는 경우에 따라서 더 합당하다고 판단되는 대로 그 명목 가치대로 사들이거나 아니면 그에 대해 세금을 매긴다. 그러므로 토지의 가치에 대해서 평가하고 세금을 부과해야 한다. 건물에 대해서는 감세할 수도 있다. 토지에 부과되는 세금은 곧바로 토지를 사용함으로써 편익을 얻는 모든 이들에게 분배된다. 상속의 원칙이 높은 사회적 가치를 가지는 곳에서는 토지에 대한 상속세법을 고쳐서, 지주가 사망했을 때 땅의 일부를 국왕에게 양도함으로써 상속세를 대납하게 하고, 피상속권자에게는 그 땅을 다시 분할 구입 할 수 있는 권리를 주어야 한다.

이런 나의 모든 제안들을 받아들인다면 우리 사회와 경제 구조에는 엄청난 변화가 일어날 것이다. 하지만 연속성이 단절되는 일은 없을 것이다. 이 변화는 파괴가 아닌 적응을 통한 변화이다. 더구나 전체적인 문제에 대한 이러한 접근법은 여러 가지 제안들을 다양한 단계에 따라서 개별적으로 적용할 수 있다는 이점이 있다. 폭력적인 혁명은 없을 것이며 완고한 체제를 부과하는 일도 없을 것이다. 지금은 이러한 문제들에 대해서 깊이 생각해야 할 절박한 상황이다. 우리는 전쟁 전의 상황으로 되돌아갈 수 없다. 평화가 찾아오면 현재 부과되고 있는 모든 통제들이 사라질 것이며, 그렇다고 해서 전에 우리가 있던 자리로 되돌아가게 되는 것도 아니다. 이러한 많은 일들이 이미 일어나고 있다. 평화가 다시 찾아오면 실천이 불가피해질 것이다. 우리는 민주주의를 위해 싸우고 있다. 하지만 이처럼 중요한 실천은 여론이 깨어 있고 지식을 지니고 있을 때에만 비로소 민주적인 행위가 될 수 있을 것이다.

이러한 제안들에 덧붙여 다음과 같은 세 가지 사항을 밝혀두고자 한다.

1. 나는 흔히 제기되는 도전, 즉 우리는 무엇을 해야 하는가? 하는 질문에 대한 대답으로 이 부록에 담겨 있는 내용들을 제시했던 것이다. 이 점에서 나는 말과 행동 간에 놓여 있는 구별을 인정하지 않는다. 우리는 말을 함으로써 서서히 여론을 형성해 나가며,

여론이 충분히 강력하기만 하다면 일들을 이루어 놓을 수 있다. 원칙론을 주장하는 사람들에게 그의 말을 삶과 일치시킬 수 있는 어떤 실질적인 제안들을 가지고 있는지 묻는 것은 당연한 일이다. 따라서 나는 비판의 대상으로서 또는 내가 설계하는 것보다 더 나은 집을 지을 수 있는 사람들이 몇 개의 돌을 골라 낼 수 있는 채석장으로서 내 제안들을 제시하는 것이다. 더욱 기독교적인 사회질서를 향해 나아가는 이러한 실제적인 과정에 대해서 이야기할 수 있는 전문적 능력이 나에게는 없다. 내 제안들은 전문가가 생각해 낼 수 있는 최상의 것과는 거리가 멀 가능성이 크다. 그래도 관계는 없다. 내 제안들을 비평하는 가운데 누군가가 더 나은 길을 찾을 수 있을 것이며 마침내 누군가는 올바른 길을 찾게 될 것이다.

2. 기독교인들이 반드시 지지해야 하는 정책적 프로그램으로서 내가 가지고 있는 개념인양 누군가 이 책의 내용을 인용하는 일은 없어야 하겠다. 그런 프로그램은 있지도 않고 있을 수도 없다. 나는 이 내용이 기독교 원칙들을 구현하고자 추구하는 것이라는 의미에서, 하나의 기독교 사회 프로그램으로 내어놓는 것이다. 하지만 여러분이 기독교인이라면 이런 프로그램이 더 현명하거나 합당한 것이라고 생각해야 한다고 제안하는 것은 아니다.

3. 책을 끝맺으면서, 나는 무엇보다도 이러한 정책적 제안들이 진정한 기독교인의 표시인 복음의 진리들을 대치하는 것이 되어서는 안 된다는 점을 분명히 밝혀둔다. 우리가 사람들을 기독교인으로 만드는 일과 사회질서를 더욱 기독교적인 것으로 만드는 일 중에서 하나를 택해야 한다면 전자를 택해야만 한다. 하지만 그러한 상반되는 명제들은 존재하지 않는다. 기독교 사회를 건설하고 그것을 올바르게 유지하려는 확신을 가지고 헌신하는 기독교인들의

대규모 집단이 없이는 기독교 사회가 존재할 수 없다. 그들은 언제든지 같은 정치적 희망과 판단을 가진 사람들과 협력할 수 있고 또 협력해야만 한다.[48] 하지만 그들은 독립성을 유지해야만 하며, 그럼으로써 신앙이 그들을 위해서 그리스도의 정신Mind of Christ으로부터 얻어낸 그만큼의 것을 가지고서 현존하는 것이나 제안된 모든 것들을 판단할 수 있어야 한다.

---

48) 우리가 사람들을 기독교인으로 만드는 일과 사회질서를 더욱 기독교적인 것으로 만드는 일 중에서 하나를 택해야 한다면 전자를 택해야만 한다.